AF498240
— AI GRIJĂ CE-ȚI DOREȘTI,
CĂ S-AR PUTEA SĂ ȚI SE ÎNDEPLINEASCĂ —

IULIA LUNA

ASLAN
— Bărbatul din visul meu —

Descrierea CIP a Bibliotecii Naționale a României
LUNA, IULIA.
Aslan – Bărbatul din visul meu/ Iulia Luna
—Otopeni: Letras, 2025
ISBN 978-630-312-512-1

159.9

ISBN eBook ePUB 978-630-312-511-4

CUPRINS

CAPITOLUL 1

Prima noapte – întuneric, frică și o mână invizibilă care m-a ținut

În sfârșit, am primit postul pentru care am manifestat aproape cinci ani. Cinci ani în care am vorbit cu Luna, am scris intenții în carnețele ascunse sub pernă și am trimis mesaje telepatice către Univers. Se pare că a avut nevoie de timp să le decodeze – sau poate eu aveam nevoie să devin omul care să le primească.

Adevărul este că am început să citesc cărțile de dezvoltare personală ale Tehonei Bălan și am făcut câteva cursuri cu ea. Cel care m-a schimbat cel mai mult? „Cel mai bun an al meu". Sincer, mă gândesc să-l redenumesc „Cel mai intens an al meu, cu tot cu tremurici și revelații".

Postul de SQE sună bine în e-mailuri și în CV, dar vine cu provocări. Prima: călătorii internaționale. Cu avionul. Și cu mașina. Adică, fix două lucruri pe care le evitam cu grație.

Până acum, cel mai departe cu mașina am fost... la jumătate de oră de oraș. Cu avionul? O singură dată, când copilul era mic. Am fost însoțită. Aeroport mic, ca o gară mai dichisită.

Acum însă iau totul de la zero. Prima vizită la un furnizor. Singură. În Cehia. Zbor din Sibiu la Viena, apoi închiriez o mașină și conduc spre necunoscut.

Mi-am dorit asta. Acum tremur toată.

Îmi iau doar un rucsac. Nu știu cum e cu bagajul de cală și nu vreau să încep călătoria în stil Kafka cu o valiză pierdută.

Ajung la aeroport. Zborul e OK, estimat de aterizare: 16:30. Dar e noiembrie. Se întunecă repede. Pentru mine, condusul noaptea e ca un test de încredere oarbă – genul în care ești legat la ochi și ți se spune „ai încredere în drum".

La aterizare... întuneric complet. Panica începe să urce încet, ca un fum invizibil.

„Asta mi-am dorit, asta am", îmi spun cu vocea aceea interioară, care imită o profesoară de spiritualitate plictisită.

Îmi pun rucsacul în spate și încep vânătoarea: unde se închiriază mașinile?

Nu, nu mai făcusem asta. Nu știam în ce direcție să o apuc. Aeroportul e uriaș – aproape că așteptam să-mi iasă o creatură mitologică în cale.

Întreb. Întreb din nou. Găsesc, în cele din urmă, clădirea. În fața mea – un tip simpatic, genul care pare că are timp de povești. Eu? Sunt o furtună pe picioare. Întuneric. Conduc. Singură. Altfel de lume. Altfel de mine.

Totuși, îi zâmbesc și-i vorbesc despre România: despre munți, păduri, urși care coboară în oraș și despre cum poți să te sperii și să râzi în același timp.

— De ce n-ai rezervat o mașină automată? mă întreabă el.

— Pentru că sunt o visătoare, iar o mașină manuală mă ține ancorată în realitate. Și pentru că, în secret, sper că schimbarea treptelor e un fel de incantație de protecție.

— E la etajul 8.

Etajul 8. Bun. Dacă ajung la 9, o să presupun că am ajuns în altă dimensiune.

Pfffffff!!! La 8?!?!?!

— Cum cobor eu cu mașina opt etaje?!, îmi spun în gând, în timp ce încerc să-mi păstrez calmul în fața tipului de la închirieri.

„Ai grijă ce-ți dorești că s-ar putea să ți se împlinească” – exact mantra cu care m-am legănat în ultimii ani. Am făcut cursuri de dezvoltare personală, am scris dorințe la lună nouă, am manifestat tot ce-am putut. Și iată-mă aici, în parcarea etajului 8, cu genunchii moi și o inimă care bate ca un gong ritualic.

Sunt un pic furioasă. Vizita asta ar fi trebuit să o facă un coleg. Dar a refuzat. Iar șeful – un ipocrit cu diplomă – a decretat senin că trebuie să merg eu. Inițial, înțelegerea era că primele trei deplasări le voi face însoțită, ca să învăț procedurile. Dar, în viața reală, învățăm singuri, prin foc și beznă.

„Respiră. Te descurci. Ai trecut prin mai greu.” Sunt divorțată de peste doi ani, am un copil minunat și câteva credite care îmi amintesc lunar că trăiesc în această realitate tridimensională.

Conduc cât de încet pot, în spirală, până jos. Simt că am trecut deja printr-un test inițiatic. Dar adevărata provocare începe când ies din clădire și mă lovește întunericul. E noiembrie. Cer închis. Nici luna nu mă ajută. Doar eu, GPS-ul și îngerii mei obosiți.

Intru pe autostradă. Tot încet. Apoi ies pe un drum îngust, cu serpentine care par desenate de o minte malefică.

— Pfffff! Nu văd nimic!!!

Reduc viteza sub 90 la oră. Camioanele mă claxonează. Mă depășesc. Nu-mi pasă. Nu văd nimic, deci mă comport ca o babă mistică pe drumul spre o peșteră sacră.

Reușesc, într-un final, să revin pe autostradă. Îmi spun că va fi mai bine. E mai luminat, dar nu mai ușor. Camioanele continuă să mă claxoneze. Mă gândesc că e bine că nu aud înjurăturile – doar claxoanele. Mă și amuz. Poate ar trebui să-mi lipesc un semn pe lunetă: **„Începătoare în viață. Dar determinată".**

Ajung într-un final la pensiune. E ora 22:00. Trei doamne trecute de 50 de ani stau la o masă și joacă cărți. Mă întreabă, în cehă, dacă vreau ceva de mâncare. Aș vrea doar un pat, un vis ușor și o cafea care să mă iubească mâine-dimineață.

Fac check-inul cu una dintre doamne. Nu știe engleză, dar cu gesturi și Google Translate reușim să ne înțelegem. Universul are simțul umorului.

Ajung în cameră. Respir. Am reușit. Sunt vie. Sunt întreagă. Și, mai ales, sunt în stare.

Dacă am condus singură din Viena până în Cehia, pe timp de noapte, într-o mașină închiriată, sunt în stare de orice, îmi spun în gând. Parcă aud un cor de zeițe interioare aplaudând.

Și, fix atunci, sună telefonul de serviciu. Mă încrunt. Cine m-ar putea suna la ora asta?

Când mă uit la telefon, văd că e secretara directorului. Inima îmi bate mai repede. Oare s-a întâmplat ceva? Sper să nu fie nimic grav.

Răspund.

> — Ai ajuns cu bine? Este în regulă pensiunea? Sper că te simți cât de cât confortabil...

> — Da, am ajuns cu bine. Pensiunea e foarte drăguță, îți mulțumesc mult!

Mai vorbim puțin. Tonul ei e cald, atent. Apoi închide.

Și-atunci mă pornește plânsul. Din nimic. Sau din tot. Dintr-un simplu telefon care mi-a atins o rană tăcută. Nu-mi vine să cred cât de grijulie a fost. A fost un telefon de la o necunoscută care mi-a oferit, pentru câteva secunde, sentimentul de **contează** *cum sunt*. Cumva, într-o lume mare și grăbită, cineva m-a întrebat „Ești bine?"

De când am divorțat, singura persoană care mă sună să întrebe sincer „ce mai faci?" este prietena mea, Mihaela.

Mă pun în pat. Plâng. Și adorm cu sufletul strâns și cald, în același timp.

A doua zi dimineață, mă trezesc și cobor la micul-dejun. Doar eu și cele trei doamne de aseară. Încă joacă acel joc tăcut al zâmbetelor și al gesturilor. Nu vorbim aceeași limbă, dar limbajul blândeții nu are nevoie de traducere.

După micul-dejun mă pregătesc să plec la furnizor. Când să ies, mă ciocnesc de un domn mai în vârstă. Îl ignor politicos, dar observ că a parcat foarte aproape de mașina mea. Curtea e îngustă, în pantă. Aproape imposibil de ieșit fără să ating ceva.

Încerc. Nu reușesc. Respir adânc. Mă întorc în restaurant și îl rog, prin semne și cuvinte simple, să mă ajute.

Iese. E îmbrăcat în blugi și o cămașă ușor prea strâmtă pentru confort, dar suficient de strâmtă cât să-i evidențieze corpul bine lucrat. (Fac o notă mentală: chiar și în haos, Universul are simț estetic.)

Mă ajută calm să scot mașina. Îmi spune ceva, dar nu sunt acolo. Mintea mea e deja la lista primită de la șef și la drumul de întoarcere. Probabil îi răspund un „mulțumesc" confuz și plec.

Șeful meu mi-a dat o listă de întrebări pentru furnizor. O listă lungă. Multe întrebări nu au legătură cu motivul real al vizitei. Parcă ar vrea să fac un audit complet, nu o simplă analiză.

Încerc totuşi să fiu atentă la ceea ce contează. Să observ detaliile relevante. Să nu las presiunea să mă abată de la esenţă.

După vizită, furnizorul mă invită la masă. Refuz politicos. Vreau să ajung înapoi pe lumină. Îmi oferă un pachet cu mâncare, dar, fără să gândesc prea mult, refuz şi asta. Tot ce vreau e să ajung „acasă" – unde o fi acel „acasă".

De data aceasta... conduc altfel. Cu mai multă încredere. Am lumină. Am experienţa de ieri. Şi, culmea, acum eu depăşesc camioanele.

Râd în gând. Se pare că şi pe autostradă, uneori, renaşterea începe cu un simplu „Pffff!" şi se termină cu 110 la oră.

Pe drum, mă tot gândesc la vizita pe care tocmai am făcut-o. Nu sunt prea mulţumită de datele colectate. Aş fi vrut să merg pe ideile mele, să mă concentrez pe neconformitatea reclamată de client. Să fiu... liberă, să văd cu ochii mei, nu cu lista altuia.

Dar n-am vrut să creez probleme. Am deja destule tensiuni cu şeful de când am primit poziţia de SQE. Nici acum nu înţeleg schimbarea lui bruscă. De ce mi-a oferit această poziţie dacă, odată ce am acceptat-o, pare că tot ce fac îl irită?

Ajung, din fericire, la hotel pe lumină. Doar faptul că văd cerul mă face să mă simt mai puțin apăsată. Încep să respir normal. Mă pun în pat. Aș vrea să dorm, dar stomacul protestează.

Era bun pachetul acela cu mâncare de la furnizor... Mai ales acum, când portofelul meu e subțiat și de emoții, și de covrigi scumpi. Beau puțină apă și încerc să-mi păcălesc foamea cu promisiunea unui mic-dejun regal.

A doua zi, deși am avionul mai târziu, prefer să ajung devreme în aeroport. Mult prea devreme. Așa mă simt mai în control. Sau, cel puțin, mai puțin pierdută.

Returnez mașina și intru în aeroport.

Ufffff... E imens. Mă simt ca o furnică într-un templu al zeilor aviației. Mă învârt puțin, încercând să înțeleg ce, unde și de ce. Întreb câteva persoane. Într-un final, ajung la poarta corectă.

Mă uit la ceas: mai am cinci ore. Cinci ore în care să reflectez, să respir... și să supraviețuiesc prețurilor de la cafenele.

Îmi iau un covrig, o cafea și o apă. Plătesc mai mult decât pentru o cină decentă acasă. Găsesc o masă, îmi scot laptopul și încep să scriu prezentarea despre vizita la furnizor. O trimit șefului, colegilor, furnizorului. Cuvintele curg greu, dar curg. Parcă le scriu cu ce a mai rămas din mine după această inițiere.

În sfârșit, începe îmbarcarea. Abia aștept să-l văd pe băiatul meu. În inima mea, orice aeroport duce, în cele din urmă, acasă – la el.

Îmi place ceea ce fac. Îmi place să analizez, să observ, să înțeleg. Dar... călătoriile astea mă scot din mine.

Mă consumă. Mă fac să mă întreb dacă nu cumva prețul pe care îl plătesc e prea mare. Poate nu pentru toată lumea, dar pentru mine... da, uneori e prea mult.

Luni, revin la birou. Deschid laptopul. Intru pe e-mail.

Și acolo mă așteaptă o surpriză.

Un audit. În Turcia.

Cuvântul „Turcia" îmi luminează ecranul. Dar nu în stil poetic. Mai degrabă ca o alarmă care zice: „Ai zis că la Viena e greu? Ține-te bine".

Simt cum începe să mi se strecoare stresul în gânduri, în stomac, în umeri. Turcia e departe. Necunoscută. Frumoasă, probabil. Dar cum o să mă descurc acolo? Singură?

Mi-aș dori să fiu o eroină a miturilor moderne. Dar acum... mă simt mai degrabă ca o exploratoare ezitantă, cu pașaport și teamă de necunoscut.

Mă sună șeful. Vrea să discutăm despre auditul din Turcia.

Îmi adun curajul și întreb:

— Este absolut necesar să merg și eu?

— Am discutat intern. Nu, nu este nevoie să mergi, îmi răspunde el sec.

— Super. Mulțumesc!

Închid și respir adânc. Ca și cum tocmai mi s-a ridicat un nor de pe piept. Începusem deja să intru în panică la ideea unui drum atât de lung, singură, într-o țară necunoscută.

Mi-aș dori... să stau un an acasă. Să mă liniștesc. Să mă plimb. Să citesc. Și, evident, să am bani suficienți cât să-mi permit asta. Poate încep chiar acum manifestarea acestei dorințe.

Mi-aș dori și puterea să-i spun șefului să aibă grijă cum comunică. Dar realitatea e că datoriile mă țin în loc. Suntem, în continuare, sclavii unei lumi care a uitat cum arată demnitatea emoțională.

La un moment dat, i-am trimis un e-mail, în care l-am rugat, politicos, să îmi explice clar ce nu fac bine. Ce anume greșesc. Zi de zi, dau tot ce pot. Dar n-am primit niciun răspuns. Nici tăcerea nu mai e elegantă, acum e doar o metodă de control.

Știu că, dacă fac o greșeală, reacția lui va fi disproporționată. Tensiunea asta constantă mă obosește. Așa că am început, pe tăcute, să-mi caut un alt job. Încă n-am găsit. Dar am în mine acea neliniște creativă care îmi spune că **se va schimba ceva**.

Până atunci, m-am apucat să creez ceva pentru mine. **O agendă magică**. Una care să mă ajute să mă organizez financiar, dar și sufletește.

Fiecare lună are un tabel clar cu toate cheltuielile și obiectivul de economisire. Dar are și altceva: **cuvinte de putere, meditații**, fragmente care m-au ajutat în cele mai grele momente. E agenda mea de supraviețuire luminoasă. Luna după lună. Renaștere după renaștere.

Deschid cu greu laptopul. Stresul pe care mi-l provoacă șeful meu mă apasă ca o greutate invizibilă. Munca devine grea. Concentrarea, și mai grea.

Aflu că auditul programat în decembrie a fost amânat pentru ianuarie. Mă bucur. Rămân doar cu unul, la început de lună.

Mă simt, pentru o clipă, ca și cum aș fi primit o zi de lumină bonus. Și încep să cred că poate, poate... o nouă etapă se apropie.

Încep să lucrez la agenda pentru auditul din decembrie și i-o trimit colegei mele din Germania, ca să o verifice. Face câteva modificări – utile, clare – și îmi dau seama cât de mult învăț din fiecare colaborare. O privesc ca pe un mentor, discret, dar valoros.

Am mare noroc cu niște colegi din Germania. Mă ajută să înțeleg mai bine poziția asta care, deși mă provoacă, îmi oferă și șansa să cresc. Poate că tocmai de aceea nu am găsit încă un nou job – pentru că încă învăț ce am nevoie să învăț aici. Poate că, după ce termin acest ciclu, ușa potrivită se va deschide.

Totuși, între timp, manifest... **un an acasă, cu bani, liniște, cărți și ceaiuri parfumate.** Mă văd deja în pijamale, cu o agendă în mâna dreaptă și o cafea caldă în stânga.

Mă amuz împreună cu ai mei colegi: spun că îmi manifest un salariu de 4.000 de euro brut. Ca să întăresc ideea, am scos la imprimantă bancnote de 500 de euro. Le-am lipit discret în agendă, printre facturi. Le zic: „În 2025, salariul meu este în euro. E scris. E făcut".

Le povestesc deseori cum am manifestat banii pentru a-mi achita apartamentul. Cum am vizualizat fiecare colțișor, cum am ales compartimentarea, cum totul s-a materializat exact așa cum l-am văzut cu ochii minții. **Cu ajutorul cursurilor și al meditațiilor Tehonei**, am învăţat cum să lucrez cu energia dorinţei, dar mai ales... cu credinţa.

Unii colegi zâmbesc ironic. Alţii îmi cer mai multe detalii. Şi apoi sunt cei care au încercat... şi au reuşit. Au manifestat ce şi-au dorit. Atunci îi privesc şi le spun cu blândeţe: „Vezi? E alegere. Totul e alegere. Şi credinţă fără fisuri".

Pentru auditul din Germania, vorbesc cu secretara directorului. Îi cer să îmi cumpere biletele de avion şi să mă cazeze în acelaşi loc cu colegii din Germania. Mi-e mai uşor să fiu aproape de ei. Mă simt susţinută. Nu sunt chiar singură în povestea asta. **Şi, cine ştie... poate, pas cu pas, îmi construiesc exact viaţa pe care am visat-o.**

Am discutat cu Elisa să ne întâlnim în aeroportul din Viena şi să mergem împreună la un nou furnizor din Cehia, pentru un audit de potenţial. Mă simt mai liniştită ştiind că nu voi fi singură.

Îmi cumpără bilete Sibiu – Viena dus, iar pentru întoarcere... surpriză: zbor cu escală la München.

Inima începe să bată altfel. Cumva, cuvântul „München" sună mai degrabă a test decât a oraş. Se pare că e un aeroport mare, complicat, un fel de labirint al modernităţii.

Un coleg, binevoitor (dar nu neapărat liniștitor), începe
să-mi povestească:

— Vine un autobuz care te ia de la avion și te duce
în terminal. De acolo trebuie să găsești o stație de
tren intern care te transportă spre poarta
următorului avion.

— Cât timp ai între zboruri? mă întreabă el.

— Trei ore.

— Dacă nu ai întârziere, e suficient.

— ...Întârziere?

— Da, se mai întâmplă. Dacă primul zbor întârzie,
e posibil să nu mai prinzi conexiunea.

Uffffff... Mă așez pe scaun și simt cum stomacul meu
se strânge. Încă o dată mă întreb dacă acest job e cu
adevărat pentru mine. Mă copleșește gândul că trebuie
mereu să navighez prin necunoscut, fără ghid, fără
repetiție, fără plasă de siguranță.

Îmi place ceea ce fac. Chiar îmi place. Îmi place să fac
audituri, să înțeleg, să descopăr. Îmi place ideea de a
călători. Dar teama de necunoscut, combinată cu stresul
constant de la birou, mă face să simt totul de o mie de
ori mai greu decât este.

Fix când încerc să respir mai adânc, primesc o notificare în aplicație.

Zborul de mâine spre Viena este anulat. Din cauza zăpezilor.

Simt că mi se taie aerul. O sun imediat pe Ana, secretara directorului.

— Bună, Ana. Tocmai am primit o notificare... zborul spre Viena a fost anulat. Ce facem acum?

Ea începe să caute alternative. Eu închid ochii și încerc să-mi liniștesc gândurile. În mintea mea nu mai e zăpadă, ci o ninsoare interioară de întrebări fără răspuns.

Lasă-mă 15 minute să verific opțiunile și te sun înapoi, îmi spune Ana.

— OK.

Fix 15 minute mai târziu, mă sună:

— Singura variantă este să pleci cu avionul care decolează în... trei ore. Spre Viena.

— Astăzi?

— Da, în trei ore. Îți caut cazare în Viena și mâine te întâlnești cu colegii în aeroport.

— În regulă, așa facem.

Îl sun pe şef. Îi explic rapid situaţia. E de acord să urmez planul propus de Ana.

Mă mobilizez instant. Chem un Uber. În maşină îmi fac mental lista de bagaj. Nu aveam nimic pregătit, ştiam că plec abia mâine. Dar ceva din mine s-a activat complet: focus total pe misiune.

Ajung acasă. Fac repede un duş. Exact cum mi-am imaginat în minte că îmi voi face bagajul, exact aşa îl şi fac. Fără ezitări. Rapid. Clar. Ca un ritual reuşit.

Chem din nou Uber. Am noroc – aeroportul e la doar 15 minute distanţă. Îmi place punctualitatea, dar refuz să mă mai stresez cu detalii inutile. Viaţa e prea scurtă şi prea frumoasă ca să mă pierd în lucruri minore.

Am divorţat pentru că, la un moment dat, am înţeles asta. Soţul meu era nemulţumit de orice – cum fac curăţenie, cum gătesc, cum respir. Zilnic era ceva care nu-i convenea. Nu înţeleg de ce a stat atâţia ani cu mine dacă nu-i plăcea nimic. Nu înţeleg nici de ce eu am stat. Dar nu mai contează.

Contează că am avut curajul să ies. Contează că acum, când închid uşa, e linişte.

Ajung la timp la aeroport. Zborul nu are întârziere, iar totul decurge fără probleme.

La Viena aterizez pe la ora 18:00. E deja întuneric. Nu știu cum să ajung în oraș cu mijloacele de transport în comun, așa că aleg să comand un Bolt până la hotel.

Îmi scrie șoferul că a ajuns, dar... nu-l văd nicăieri.

— Trebuie să vii sus, îmi scrie.

— Unde sus?

— În stația de taxiuri.

— Aici sunt, la taxiuri.

— Nu, pentru Uber și Bolt, stația e mai sus.

Durează 15 minute până reușim să ne găsim. E frig. Mâinile îmi îngheață. Îmi doresc doar să fiu deja în cameră, sub o pătură groasă și departe de aplicații și confuzii.

Tariful din aplicație: 17 euro. Acceptabil, pentru buzunarul meu în acest moment. Când ne urcăm în mașină, îmi cere încă 5 euro „pentru că m-a așteptat".

Ridic din umeri. Nu mai contează. Îi dau și plecăm.

Când ieșim din curtea aeroportului, începe să-mi explice ceva în germană. Nu înțeleg nimic. Îl rog să vorbească mai încet. Nu se oprește. Mă panichez ușor.

O sun pe Ana. Sper că ea se va putea înțelege cu el și că, în curând, voi ajunge la hotel.

După ce vorbește cu taximetristul, Ana mă sună din nou.

— A trecut de pe Bolt pe taxi. Va trebui să-i plătești 50 de euro, pe lângă cei 17 din aplicație și cei 5 euro pentru așteptare...

Ufffff. Asta este. Important e să ajung la hotel. E frig, e întuneric, sunt singură și într-o țară pe care nu o cunosc.

Drumul durează aproximativ 50 de minute. Ajung la hotel, mă cazez și, dacă tot sunt aici, mă întreb: oare cât de departe e Târgul de Crăciun?

De ani buni îmi doresc să ajung la un Târg de Crăciun în Viena. Iubesc Crăciunul. Manifest de doi ani ca luna decembrie să fie liberă, să o pot trăi în tihnă. Să mă plimb printre vitrine cu globuri, să citesc povești de iarnă, să privesc filme cu zăpadă și magie.

Întreb fetele de la recepție:

— Cât de departe este Târgul de Crăciun?

— Sunt mai multe târguri, dar cel mai apropiat e la opt minute de aici.

Opt minute! Mă îmbrac bine și pornesc.

Ajung. Mă uit un pic. Nici nu fac poze. **Mă simt ca un copil care a visat ani întregi o jucărie și acum o ține în mână, dar nu știe ce să facă cu ea.** E noapte. Sunt singură. Și mi-e puțin teamă. Așa că mă întorc la hotel. Acolo mă simt în siguranță.

A doua dimineață, cobor la micul-dejun. Îmi place să iau micul-dejun singură. E momentul meu de liniște. Eu cu gândurile mele. Uneori mai apare câte un bărbat care încearcă să îmi perturbe starea, dar îi dau „delete" rapid.

Nu sunt o femeie frumoasă. Dar dacă mă văd singură, poate cred că sunt disponibilă. Poate e mai mult proiecția lor decât realitatea mea.

După micul-dejun, decid să merg **pe jos** până la aeroport. Mai sunt patru ore până aterizează colegii din Germania, deci am timp suficient.

Îmi pun rucsacul în spate și caut aeroportul în aplicație. Nu înțeleg de ce nu pot seta traseul pentru mers pe jos – văd doar direcții pentru mașină. Aplicația îmi arată că aeroportul e la 45 de minute cu mașina. Mă gândesc: „Poate mai am timp să vizitez un alt târg de Crăciun."

Opresc o fată pe stradă și o întreb:

— Îmi puteți spune cum ajung la Târgul de Crăciun?

— Și eu merg în acea direcție. Dacă vrei, putem merge împreună. Trebuie să luăm trenul, dar în sensul opus aeroportului.

Mă gândesc un pic, apoi zâmbesc:

— Mulțumesc, dar dacă e în sens opus, mai bine mă îndrept direct spre aeroport. Drum bun și distracție frumoasă!

— Mulțumesc! Călătorie frumoasă și ție!

După câțiva pași, întreb o altă persoană dacă merg în direcția corectă.

— Da, aeroportul este în acea direcție, dar este foarte departe. Nu se merge pe jos până acolo...

— E în regulă. Am suficient timp. Vreau să merg pe jos.

Nu vreau să mai cheltuiesc bani. Și, oricum, mersul îmi face bine.

Merg deja de mai bine de 30 de minute. Aplicația tot nu îmi oferă traseu pietonal. Încă îmi arată că mai am 40 de minute cu mașina. Încep să-mi pierd răbdarea.

Opresc o altă persoană.

— Aeroportul este în acea direcție, dar nu puteți merge pe jos. Sunteți în Viena.

În sinea mea murmur: „Normal că sunt în Viena. Tocmai de aceea încerc să ajung la aeroportul din Viena".

După încă 30 de minute de mers, ajung într-o stație de autobuz. Văd un tânăr și îl întreb cum pot ajunge la aeroport. Nu vorbește engleză. Dă din umeri. Nu primesc niciun răspuns.

Singurătatea începe să se amestece cu frigul. Dar ceva din mine merge înainte.

Mă așez pe o bancă din stație, să mă odihnesc puțin. După câteva clipe, apare o doamnă.

— Nu poți merge pe jos până la aeroport, îmi spune ea.

— Dar eu... vreau să merg pe jos, răspund ușor încăpățânată.

— E prea departe. Ai nevoie de vreo șase ore pe jos. Trebuie să iei autobuzul și apoi trenul.

— Ufff... Şi autobuz, şi tren?!

— Da. 7C, trei staţii, apoi trenul.

— În regulă, mulţumesc. Pot cumpăra bilet din autobuz?

— Nu. Doar de pe aplicaţie.

— Ce aplicaţie?

— Vine autobuzul. Mai bine întrebi şoferul.

Mă urc în autobuz şi întreb şoferul:

— Pot să cumpăr bilet de la dumneavoastră?

— Nu. Doar din aplicaţie, îmi răspunde rapid şi porneşte.

N-am timp să spun altceva.

Înaintez în autobuz, vizibil stresată, căutând disperată ajutor. Văd o doamnă cu un cărucior. Mă duc la ea:

— Mă puteţi ajuta? Nu ştiu ce aplicaţie să folosesc pentru bilete...

— Mai întâi trebuie să o descarci.

— Puteţi să-mi arătaţi aplicaţia corectă?

— Îmi pare rău, trebuie să cobor acum.

Cobor și eu, deja mergeam ilegal cu autobuzul de două stații. Nu vreau să risc.

— Știți cum pot ajunge la stația de tren?

— Da. Mergi înainte, apoi faci stânga. Vei vedea intrarea.

— Mulțumesc. Ați putea, vă rog, să mă ajutați și cu Google Maps? Nu reușesc să-l trec de pe traseu auto pe traseu pietonal...

— Sigur.

Mă ajută. Era atât de simplu, și totuși nu am reușit singură. Dar acum... gata. Mă îndrept spre tren și apoi spre aeroport.

CAPITOLUL 2

Trenul către necunoscut – o privire, o teamă, o ciocolată

Oamenii din Viena sunt incredibil de amabili. Fiecare persoană cu care am vorbit m-a ajutat cu tot ce a putut. Sincer, am impresia că sunt mai răbdători și mai calzi decât cei din țara mea. Și asta mă întristează un pic.

Ajung unde ar trebui să fie stația de tren. Dar nu înțeleg nimic. Nu știu unde sunt liniile, nici de unde se cumpără biletele.

Uffff... Sunt un dezastru. Parcă am fost ținută toată viața în casă și acum am fost lăsată liberă în lume – fără hartă, fără busolă.

Văd o clădire, cobor niște scări, dar tot nu-mi dau seama de unde să iau bilete. Urc înapoi. Acolo, îl zăresc pe un tânăr care fumează. Îmbrăcat complet în negru, de statură potrivită, pare simpatic.

— Mă puteți ajuta? Vreau să știu de unde se cumpără biletele de tren...

— Numai un pic, să termin țigara, și cobor cu tine să-ți arăt.

Perfect. Un aliat. O ușurare.

Chiar am noroc că majoritatea oamenilor pe care i-am întâlnit știu engleză. Engleza mea e învățată de la televizor, dar m-a ajutat enorm la acest job. Și acum, iată, îmi ține spatele în mijlocul Vienei.

Tânărul vorbește cu vânzătorul pentru mine și mă ajută să cumpăr biletul.

— Mulțumesc mult! Dar... unde e peronul?

Îi zâmbesc cu recunoștință. Mă simt ca un copil care primește o hartă într-un joc pe care abia acum începe să-l înțeleagă.

— Cobor cu tine și stau până vine trenul. Sunt multe întârzieri din cauza ninsorilor, îmi spune băiatul.

— Mulțumesc mult! De unde ești?

— Din Turcia.

Hmmm... Din Turcia. Politicos, calm, amabil. Nu mă așteptam. Sincer, am o teamă nedefinită față de turci. Poate, din cauza poveștilor pe care le-am auzit. Sau poate din cauza filmelor.

Dar e prima dată când întâlnesc pe cineva din Turcia. Și nu e deloc cum mi-am imaginat.

Se apropie de noi o fată tânără, drăguță, cu părul lung și ondulat, îmbrăcată lejer, cu o geacă galbenă, care pare că aduce lumină în jurul ei.

— Nu vă supărați, mergeți spre aeroport? întreabă ea.

— Doar eu, îi răspund zâmbind.

— Este în regulă peronul acesta?

— Da.

— Eu sunt din România, iar el e din Turcia. M-a ajutat să găsesc peronul și acum îmi ține companie.

— Și eu sunt din Turcia. Pot să stau și eu cu voi până vine trenul?

— Sigur că da.

A doua persoană din Turcia. Și la fel de amabilă. Ceva se schimbă în mine. Parcă se fisurează o teamă veche, alimentată de prejudecăți. Poate că mi-am spus de prea multe ori că *nu voi merge niciodată în Turcia*. Poate că, tocmai pentru că am refuzat... Universul îmi trimite semne.

Sunt recunoscătoare că șeful a spus că nu trebuie să merg la auditul din Turcia. Mi s-a părut o ușurare. Și totuși... aceste întâlniri întâmplătoare mă pun pe gânduri.

Povestim puțin despre Viena. Despre cum a devenit mai periculoasă, mai ales noaptea. Sunt mulți imigranți, spun ei, și, din păcate, nu toți vin cu intenții bune.

Vine trenul. Ne urcăm și ne luăm la revedere de la băiatul care ne-a ajutat.

Ea se așază pe primul scaun. Eu aleg un loc mai în față, dar în sens opus mersului trenului. Nu mi-e bine. Mi se face mereu rău așa. Din fericire, la următoarea stație se eliberează mai multe locuri. Mă mut. Un loc cu vedere, liniște și spațiu doar pentru mine.

Nu știu câte stații sunt până la aeroport. Întreb pe cineva din tren.

— Patru stații, îmi spune.

— Super. Mulțumesc!

Mă bucur de liniștea mea, preț de câteva minute.

Se urcă cinci băieți. Mult zgomot, multe bagaje. Unul dintre ei se apropie:

— Pot să mă așez aici?

— Da, sigur.

Ceilalți se așază în paralel. El își pune toate bagajele pe locurile de lângă mine.

Este înalt, bine făcut, are ochii foarte negri, un ten uşor creol şi o barbă nerasă de câteva zile. Emite o energie care mă face să tresar.

— Acesta e trenul spre aeroport?

— Da, îi răspund scurt.

— Câte staţii mai sunt?

— Patru.

— Te deranjează că mi-am pus bagajele aici?

— Nu. E în regulă.

Privirea lui pare că vede dincolo de cuvinte. Nu ştiu de ce, dar simt o nelinişte ciudată. Una familiară. Una pe care n-am simţit-o de mult, dar pe care o recunosc din adânc.

— De unde eşti? mă întreabă.

— Din România, îi răspund. Tu?

— Din Iran.

— Ooooh...

— Ce e?

— O ţară periculoasă.

Zâmbeşte calm.

— Nu e. Ce vezi la televizor nu e întotdeauna realitatea.

— Şi de unde ştiu eu că nu ai o bombă în valiză?

Zâmbeşte mai larg. Se ridică, ia rucsacul din suportul de sus şi îl deschide.

— Uite ce bombă am!

Îmi întinde două ciocolate.

— Mulţumesc! zic, un pic încurcată, un pic ruşinată. Dar tot cred că sunt oameni periculoşi în ţara ta.

— Oameni periculoşi sunt peste tot în lume.

— Mda... ai dreptate.

— Îmi dai numărul tău de telefon?

Ezit.

— Îmi e totuşi teamă...

— Atunci contul tău de Instagram?

Mă mai gândesc puţin. Apoi prind curaj şi i-l dau. Nu postez nimic acolo. Am doar câţiva prieteni şi o poză de profil. Îmi place să urmăresc clipuri de dezvoltare personală. Nu cred că se poate întâmpla ceva.

Ne apropiem de staţia în care trebuie să coborâm.

— Ai fost o companie plăcută, îmi spune.

— Hmm... Nu știu ce să zic. Încă n-am deschis ciocolata. Poate explodează când o desfac.

Râde.

— Ha, ha, ha! Doar închide televizorul, îmi spune.

Coborâm și fiecare o ia în direcția lui – el spre poarta de îmbarcare, eu spre zona de sosiri. Mă uit la ceas: mai am aproximativ două ore până vin colegii. Mă bucur. Am ajuns la timp.

Doar că... nu mai am niciun ban pe card și stomacul meu începe să-și ceară drepturile. O sun pe o colegă și o rog să-mi trimită câțiva euro pentru un covrig și o cafea. Îmi e jenă să-i mai cer prietenei mele, m-a ajutat deja mult prea mult.

Îmi iau covrigul. Mă așez și, în timp ce mușc din el, primesc mesaj de la băiatul iranian.

Îmi trimite poze cu biletele de avion și mă întreabă ce fac.

— Sunt bine, momentan. Nu am deschis încă ciocolata. Dacă vezi vreo explozie de la fereastra avionului... e de la mine.

— Nu te mai uita la televizor. E plin de minciuni.

— Zbor plăcut!

— Spor la treabă!

Ajung şi colegii mei. Mă bucur să-i revăd. Zborul lor nu a avut nicio întârziere.

Mergem împreună să închiriem o maşină. De data asta... nu conduc eu. Respir. Mă las condusă. Parcă mi-am dat voie, pentru prima oară, după mult timp, să nu fiu singura care ţine direcţia.

După două ore şi jumătate ajungem la hotel, în Cehia. La recepţie ne întâlnim cu încă un coleg şi ne hotărâm: după ce ne lăsăm bagajele, ieşim toţi la masă.

Pentru prima dată, după mult timp, simt că pot respira fără nod în gât. Şi mă întreb: **dacă acest drum e mai mult decât un audit? Dacă e o chemare spre ceva ce n-am vrut să văd până acum?**

Încep să mă îngrijorez. Nu mai am niciun ban. Nici măcar pentru mâncare.

Îmi comand doar un cappuccino de pe cardul companiei. Sper să nu creez alte probleme. Aş vrea doar ceva cald... ceva care să mă ţină în viaţă câteva ore.

A doua zi, sunt prima care coboară la micul-dejun. Aleg o masă lângă fereastră. Peisajul... de poveste. A nins peste noapte, iar de la fereastră se vede piața, cu un brad imens, acoperit de zăpadă, strălucind în lumina dimineții. Mă simt ca într-o carte cu pagini de iarnă.

Coboară și colegii mei. Luăm micul-dejun împreună.

Afară, mașina e acoperită de zăpadă. Dar e o zăpadă pufoasă, ușor de curățat. Furnizorul e aproape, la doar 15 minute de mers cu mașina.

Când ajungem, suntem întâmpinați la recepție de o doamnă care ne înregistrează. Pe un televizor montat pe perete apar numele meu și al colegei mele – un gest mic, dar mi se pare cool.

Suntem conduși într-o sală mare. La masă, 12 bărbați, toți în costume, care se ridică în picioare să ne salute. Momentul e ușor haotic și amuzant – ne intersectăm unii cu alții, ne salutăm cu zâmbete și stângăcii. Râdem. Gheața e spartă.

Seara suntem invitați la cină. Conversația e plăcută, iar eu sunt surprinsă să aflu – cehii sunt cei mai mari băutori de bere din lume. Aș fi pariat pe altă țară.

Auditul decurge bine. Mă surprind pe mine însămi: cunosc procesul, mă simt stăpână pe informații. Mă bucur să învăț din nou de la colegii mei. Încă două audituri cu echipa din Germania și simt că voi fi... profi.

CAPITOLUL 3

Haos și vindecare – un medic,
un rucsac și un om bun

După finalizarea celei de-a doua zile de audit, plecăm direct spre aeroport. Avionul meu e cu o oră mai devreme decât al colegilor, așa că ne grăbim – mai ales că afară continuă să ningă.

Pe drum, trecem printr-o pădure. Zăpadă peste tot. Și, dintr-o dată, pe marginea drumului... mai multe căprioare. Privesc. Tăcere. E ca o scenă ruptă dintr-o poveste. **O scenă pe care nu o voi uita niciodată.**

Ajungem la aeroport. Predăm mașina. Aglomerație mare. Aeroportul e plin. Ne așezăm cu toții la poarta de îmbarcare pentru zborul meu. După 15 minute, se anunță că poarta de îmbarcare se schimbă.

— Mai durează o oră și jumătate până începe îmbarcarea spre München. Poți să mai stai cu noi, îmi spune colegul.

— Uffff... Sunt prea stresată cu aeroporturile. Mai bine mă duc la poarta nouă.

— Cum vrei.

Ajung acolo. Nu sunt locuri. Stau în picioare. Nu contează. Vreau doar să ajung acasă cu bine.

Stresul e mare. Mă tot gândesc cum o să mă descurc în München. De la aterizare până la poarta zborului spre Sibiu. Cătălin m-a speriat când mi-a povestit cât de mare e aeroportul din München. Și cât de ușor te poți rătăci.

După 15 minute, alt anunț: zborul are întârziere o oră.

Inima îmi bate mai tare. Am doar trei ore între zboruri. Dacă întârziem o oră, teoretic, tot ar trebui să prind legătura. Dar totul depinde de cât de repede se mișcă lucrurile acolo.

Încep să mă agit. Mă rog în gând. Mă uit la ecran și îmi spun: „Doar să ajung. Doar să ajung".

După ceva timp, vine colegul și mă bate ușor pe spate, glumind:

— Hai cu noi! Schimbă biletul și ia avionul spre Dortmund, nu mai aștepta zborul spre München.

— Ufff... Nu. Mai bine rămân aici. Nu mă descurc prea bine cu toate detaliile astea și prefer să nu complic lucrurile mai mult decât sunt deja.

Se anunță îmbarcarea lor.

— Cum vrei. Drum bun să ai!

— Și voi la fel. Și... mulțumesc pentru toate lecțiile valoroase pe care mi le-ați oferit.

Cum nu mai sunt locuri libere, mă așez pe jos. Mai am ceva de așteptat.

Lângă mine se așază un băiat care a plecat de mult din România și acum vrea să-și viziteze țara. Începe să vorbească mult. Foarte mult. Eu... îl las. Dar nu-l ascult. Sunt prea stresată. Când mă întreabă ceva, îl pun să repete. Nu rețin nimic.

Se anunță din nou o schimbare de poartă. Și... o nouă întârziere a avionului.

Timpul dintre zborul spre München și cel spre Sibiu se micșorează. Îmi spun că, din câte am auzit, dacă ai escală, uneori avionul de legătură te așteaptă. Așa că încerc să mă liniștesc.

La poarta nouă sunt mai multe locuri libere. Mă aşez. Sunt obosită, dar recunoscătoare că mi-am luat o carte cu mine. De fapt, niciodată nu plec fără o carte.

Iubesc să citesc. Fiecare carte e o poartă. O fugă. Un vis. Uneori, îmi doresc să trăiesc în lumile lor: să zbor cu dragoni, să traversez păduri înfricoşătoare, să intru în castele şi să vorbesc cu regi şi regine, cavaleri şi magi. Acolo e alt aer. Altă lege. Alt sens.

Sunt atât de prinsă în visare, încât tresar când aud o voce:

— Este liber locul de lângă dumneavoastră?

Un domn, vorbind în limba germană. Îi răspund:

— Ja. (Da.)

Cunosc câteva cuvinte. Îmi ajung pentru momente din astea.

Îmi reiau lectura. E o carte de dezvoltare personală. În aceste momente, am nevoie de înţelesuri. Vreau să pricep de ce trec prin toate astea. Ce trebuie să învăţ? Ce urmează să se întâmple? Mă simt ca într-o **etapă de transformare**, dar nu-i văd încă forma.

Îmi repet în gând ce am învăţat de-a lungul anilor: **în orice lucru negativ, 99% e pozitiv. Trebuie doar să privim cu atenţie, nu cu disperare.**

Ştiu că binele pe care îl fac se întoarce. La fel şi răul. Şi am văzut de prea multe ori cum karma se întoarce, chiar mai puternică. De aceea, încerc să nu mai reacţionez. Când cineva îmi face rău, aleg să-l ignor. Să-mi văd de viaţă.

Să învăţ. Să cresc. Pentru că ştiu că **Universul echilibrează tot**.

— Puteam să-ţi spun şi în română, îmi spune domnul de lângă mine, zâmbind.

Ridic privirea, surprinsă.

— Am văzut că citeşti în română. Mi-am dat seama că eşti din România.

— A, da...

— Tu?

— Din Cluj. Tu?

— Din Sibiu. Am fost în Cehia, la un audit.

Mă gândesc că poate şi el a fost la un furnizor sau la un client. Fiind din Cluj, sunt curioasă.

— La ce firmă lucrezi?

— Nu lucrez într-o firmă. Lucrez la spital. Sunt şef la secţia de cardiologie.

— Interesant...

— Am fost la o conferință în Viena și acum mă
întorc acasă.

Povestim. Râdem mult. E glumeț. Mă gândesc: dacă așa
e și cu pacienții, sigur îi vindecă mai repede. Și, sincer,
la cât de bine arată, e clar că recuperarea pacientelor e
instant — râd în sinea mea.

În sfârșit, vine avionul. E mare și durează o veșnicie
până coboară pasagerii.

Mă uit la ceas. Acum ar fi trebuit să decoleze deja
zborul spre Sibiu, din München. Dar mai sper.

Ne urcăm în avion. Ne luăm la revedere.

Aterizăm la München. Rog pe cineva să-mi dea
rucsacul de sus. Îl pun în spate și o iau la fugă.

Nu văd nicăieri afișat „Sibiu". Nu văd nimic clar. Întreb
un polițist. Se uită în calculator, îmi spune poarta. O iau
din nou la fugă. Trebuie să iau trenul intern. Întreb pe
cineva dacă trenul care vine merge spre poarta indicată.
Se uită la mine de parcă am insultat onoarea companiei
Lufthansa. Apoi îmi răspunde scurt. Aflu abia după
aceea că e pilot. Arogant.

Iau trenul. Cobor. Alerg pe scări.

Se anunță că programul Lufthansa se închide în 10 minute. Alerg pe scările rulante. Îmi tremură genunchii, dar nu mă opresc.

Aeroportul e imens. Tot ce rețin din alergare: e uriaș. Întreb din nou pe cineva dacă merg în direcția bună. Confirmă.

Ajung. Poarta e... închisă. Nimeni. Ceasul arată aproape 23:00.

Se anunță „serviciul clienți Lufthansa se închide în 5 minute". Fug înapoi, disperată. Trebuie să aflu ce se întâmplă dacă pierd zborul. Îl pierdusem deja.

Nu pot s-o sun pe Ana. E prea târziu. Ce-ar putea crede? Că nu mă descurc. Că nu sunt în stare. Deși e amabilă, îmi e teamă de ceea ce va spune șeful.

Am prea multe rate. Prea multe datorii.

M-am mutat cu fiul meu într-o casă pe care abia o plătesc. Am preferat ratele decât să mai dau bani pe chirie. Și, pe lângă asta, am împrumutat bani fostului iubit.

Mi-a promis că îmi dă înapoi câte 100 de euro pe lună, timp de cinci ani.

Acum, că nu mai suntem împreună, nu-mi dă nimic. În schimb, îmi dă stres. Mă urmărește zilnic. Se holbează la mine prin gard. Îmi aruncă flori peste gard în fiecare zi.

M-am săturat de florile lui. Nu vreau flori. Vreau să-mi dea banii și să mă lase în pace. Nu vreau să-l mai văd. Nu vreau să mai știu de el.

Eu și copilul meu am trecut prin depresie. După divorț, l-am dus pe Edi la psihoterapeut. L-a ajutat mult. Tatăl lui nu a vrut să contribuie. Nu contează. Important e că Edi e bine.

Când intrăm în casă... avem liniște.

Nu a vrut să-mi dea decât 40% din casă. Nu mai contează.

Important e că am avut curaj. Am ieșit dintr-o căsnicie toxică. Iar acum îi ofer copilului meu un acasă în care poate respira. În care poate visa. În care e în siguranță.

Depresia a pus stăpânire pe mine. Uneori simt că nu mai pot face niciun pas. Fizic sunt obosită. Psihic, și mai mult. Nu mai am chef să vorbesc cu nimeni. Nici măcar cu mine.

Cu aceste gânduri alerg spre biroul serviciului clienți. Când ajung acolo, dau peste o coadă imensă. Mă liniștesc puțin, nu sunt singura pierdută.

În coadă, surpriză, îl văd pe „medicul de inimi rănite". Zâmbim amândoi. Ne amuzăm de situație. Se pare că aventura noastră nu s-a încheiat.

După 20 de minute de așteptare, primim fiecare câte un tichet pentru taxi, hotel și masă.

— Cred că ar trebui să facem și cunoștință, zice el.

Zâmbesc.

— Da, se pare că destinul tot ne împinge unul spre altul.

— Marius.

— Iulia.

— Iulia, ce spui să luăm un taxi împreună până la Hilton? E chiar lângă aeroport.

— Ufff... Nu știu, eu nu am bani pentru așa ceva...

— Nu-ți face griji. Iau eu un apartament. Vii cu mine?

Ezit. Mă agit puțin. Dar, sincer, nu mă simt în stare să mă descurc singură. Sunt prea epuizată.

— ...OK, accept.

— Perfect.

Ajungem la recepție. Întrebăm. Nu mai sunt camere. Nicio cameră. Totul e ocupat din cauza întârzierilor de zbor.

Mă uit la ceas. E 12:30 noaptea.

Pornim în căutarea taxiurilor. Întrebăm un angajat.

— Sunt trei stații: una în față, una în stânga și una după colț.

Le verificăm pe toate. Niciun taxi. Oamenii așteaptă deja.

În depărtare, văd un microbuz. Mă opresc. Îi spun lui Marius:

— Am putea verifica dacă e pentru noi. Poate am noroc.

— Hai să vedem.

Și, da. Era pentru noi.

Urcăm. Se urcă și un bărbat foarte înalt, masiv. Nu vorbim. Tăcerea e binevenită.

După aproape o oră, ajungem la hotel.

— Puteți veni la 5 dimineața să ne luați înapoi la aeroport? îl întreb pe șofer.

— Desigur.

Facem check-in-ul. Marius cumpără două beri.

— Ce zici, vii la mine în cameră să bem berea împreună?

— Mulțumesc pentru invitație, dar sunt epuizată. Vreau doar să dorm. Și să-mi spăl o cămașă. N-am nimic curat.

Am luat haine doar pentru zilele de audit. Și doar un rucsac. Mai mult nu aveam loc. Laptopul meu e uriaș și greu. Îmi rupe spatele.

Colegii din Germania au laptopuri mici, elegante. Eu car un bolovan. Dar... nu zic nimic. Orice spun, șeful meu răspunde cu ironii.

Așa că tac. Și aleg ce știu că-mi face bine.

Somn. Tihnă. O cămașă curată. Un pic de demnitate, între două zboruri.

Urc în cameră și primul lucru la care mă gândesc este că trebuie să-mi scot cămașa. Am alergat prea mult cu rucsacul în spate. Transpirată, obosită, sfârșită.

Deschid fermoarul și... mă opresc. Mă uit din nou.

Lucrurile din rucsac nu-mi aparțin.

Pfff... Nu. Nu. NU.

— Am luat rucsacul altcuiva!

Mă uit în jurul camerei, ca și cum cineva ar putea confirma sau nega. Dar e doar liniște. Și haos în mintea mea.

Am fugit prin aeroport, m-am agitat cu taxiuri, cu camere... cu rucsacul altcuiva în spate. Nu al meu. Laptopul de serviciu... e al meu.

Panica începe să mă sugrume.

Caut frenetic prin rucsac: documente, carduri, chei de mașină. Simt cum cineva, acolo, pe lume, mă înjură de toate cele. Și, sincer, pe bună dreptate.

Dacă m-ar vedea acum, cred că m-ar lua la bătaie.

Sunt furioasă pe mine. Furioasă și speriată.

Cobor rapid la recepție.

— Vă rog, ajutați-mă... am luat din greșeală rucsacul altei persoane din avion. Am observat doar când am ajuns în cameră... Nu știu ce să fac. Puteți să... puteți?

— Calmați-vă, încerc să sun la compania aeriană. Vedem ce putem face.

Stau. Aștept. Îngheț pe dinăuntru.

Apare și Marius, „medicul inimilor rănite", încercând un zâmbet și o vorbă de duh. Mă întorc spre el cu o privire tăioasă.

Nu am chef de glume. Nu acum.

Văzându-mă, înțelege și pleacă fără să insiste.

— Din păcate, nu răspunde nimeni, îmi spune recepționerul. Dar am trimis un e-mail. Așteptăm un răspuns.

Nu mă mai pot abține. Încep să plâng. În hohote. Nu-mi pasă că e în fața unui străin. Nu-mi pasă de nimic.

— Liniștiți-vă. Uite, mergeți la bar, luați orice doriți. Din partea casei.

În alte circumstanțe, probabil că aș fi ales o ciocolată. Dar acum? Acum nu pot. Nu vreau nimic.

— Urcați în cameră și încercați să vă liniștiți. Vă sunăm imediat ce avem un răspuns.

Urc. Plâng. Îmi spăl cămașa și mă pun în pat, dezbrăcată. Nu pot să dorm. Doar plâng.

Mă gândesc la serviciu. La ce va însemna asta. La cum se vor bucura să aibă un motiv să mă dea afară. Laptopul îl aveam de la firmă. Laptopul meu.

Mă uit la ceas. E cinci dimineața. Nicio veste.

Cobor. Ochii-mi sunt umflați, roșii, grei.

Ajung la recepție. Domnul mă vede și îmi zâmbește.

— V-am găsit rucsacul.

Îl privesc cu neîncredere.

— Serios?!

— Da.

— Sunt... atât de fericită... Că-mi vine să vă iau în brațe!

Nu așteaptă să-i cer. Se apropie și mă ia el în brațe.

O îmbrățișare caldă, reală, de la om la om. De la panică la pace.

— Mulțumesc! Mulțumesc! Mulțumesc!

Colegul domnului de la recepție – un bărbat negru, înalt, foarte elegant, cam în jur de 60 de ani – se uită la mine cu un zâmbet cald. Probabil i s-a făcut milă de cum arătam: obosită, nespălată, cu ochii umflați de plâns.

— Unde este rucsacul meu? întreb.

— La aeroport, la biroul de bagaje pierdute. Uite, sună la numărul acesta. Îți scriu și numărul domnului căruia i-ai luat din greşeală bagajul. În caz de ceva.

— Mulţumesc! Vă las şi eu numărul meu de telefon.

— Ce facem cu rucsacul lui?

— Lăsaţi-l la mine. O să vină să-l ia. Măcar am noroc că e din München şi nu i-am stricat călătoria.

Coboară şi Marius. În acelaşi timp ajunge şi taxiul.

— Bună dimineaţa!

— Bună dimineaţa!

Arată atât de *fresh*, în timp ce eu... eu arăt ca o furtună. Mi-am spălat cămaşa, dar nu a avut timp să se usuce, aşa că o port udă pe mine. Nici pastă de dinţi n-am avut. Nici măcar în camera de hotel. Mă întreb dacă se simte... sper că nu.

— Unde îţi e rucsacul? mă întreabă Marius.

— Îţi povestesc în taxi.

Îi spun totul. Fiecare detaliu. Fiecare panică.

— Şi de ce nu ai venit la mine?

— Nu puteam să te deranjez la ora aia. Și... păreai foarte obosit.

Ajungem la informații. Întreb o doamnă de bagajul meu.

— Se deschide la 7:30. Trebuie să așteptați.

— Am fost trimisă aici, la această adresă. E corect?

— Da.

— Super, mulțumesc!

Ne tipărim biletele. Eu am zbor spre Sibiu la 12:30, el la 13:30.

— Hai să luăm o cafea până atunci. Fac eu cinste, spune Marius.

Zâmbesc. Mă bucur. Pentru că... eu nu mai am niciun ban pe card.

Ne luăm fiecare o cafea. Ne așezăm. Începem să povestim viețile noastre.

Marius îmi spune cum a studiat medicina în Franța, cum a profesat acolo și cum, după ani, a decis să se întoarcă în țară. Îmi vorbește despre pacienți, despre suflet, despre muncă, despre alegeri. Îl ascult fascinată.

Îmi place să ascult oameni care și-au urmat drumul cu devotament.

Îmi spun în gând: **„Dacă vrei ceva cu adevărat, trebuie să muncești pentru acel vis. Universul ajută, dar trebuie să-i ieși în întâmpinare. Nu ajunge să te rogi și să scrollezi pe Instagram. Trebuie să cauți. Să studiezi. Să faci pași"**.

Cred că dacă primeam acest job cu un an mai devreme, n-aș fi fost pregătită. N-aș fi putut face nici jumătate din ceea ce fac acum. **Lucrul cu mine m-a schimbat.**

Încă sunt la început. Încă mă simt jos, dar mă iubesc mai mult decât o făceam. Am învățat să-mi dau timp, să nu mai cer perfecțiune de la mine, ci progres.

În mijlocul acestor gânduri și în timp ce Marius îmi povestește un moment-cheie din viața lui, mă întorc, brusc, la realitatea arzătoare:

— Cred că s-a deschis biroul de bagaje pierdute. E 7:30.

Îl privesc. El încuviințează. Mă ridic cu o emoție pe care doar cineva care a fost aproape să-și piardă totul o poate înțelege.

Fiecare pas spre acel birou e ca o rugăciune.

— În regulă. Hai să mergem să-l luăm, zic.

Ajungem la biroul de bagaje pierdute. Ne întâmpină un bărbat grăsuț, cărunt, foarte amabil.

— Bună ziua. Din greșeală am luat rucsacul altui pasager, iar el a spus că a lăsat bagajul meu aici.

— Îmi pare rău, nu este aici.

— Mi s-a spus că este la această adresă, e scris pe bilet, îi spun, întinzându-i hârtia.

Se uită. Clatină din cap.

— Nu e adresa asta. Trebuie să ieșiți afară, să treceți strada. Biroul pe care îl căutați e în clădirea de vizavi.

Simt cum îmi vine să plâng din nou.

— Hai, mergem, îmi spune Marius calm. Avem timp suficient. Și e doar peste drum.

Ajungem. Clădire mare. Rece. Înconjurăm clădirea, dar... nicio ușă nu e deschisă.

Vedem o femeie care face curat. Mă duc spre ea, disperată.

— Bună ziua!

Nu știe engleză. Dar Marius, norocul meu, vorbește germană.

— Căutăm intrarea la acest număr, spune el. Totul pare închis.

— Trebuie să ocoliți clădirea. Numărul pe care îl căutați e pe cealaltă parte.

Pfff!!! Stresul devine din ce în ce mai mare.

Dacă nu găsesc rucsacul cu laptopul de la serviciu?

Dacă mă dau afară?

Cu ce îmi plătesc ratele? Cu ce îmi cresc copilul?

Valul de întrebări se transformă într-o furtună în mintea mea.

Şi apoi, apare... umbra trecutului.

Fostul meu soţ şi familia lui... o să fie încântaţi să audă că am eşuat. Vor râde. Vor spune, ca de obicei, că nu sunt bună de nimic.

Dar lucrul ăsta l-am ştiut dintotdeauna. De mică.

Familia mea mi-a repetat asta în toate felurile posibile. Nu m-am simţit iubită. Nu m-am simţit parte din familie. M-am simţit... tolerată. Un corp care avea voie să doarmă într-un colţ. Atât.

Am încercat să fiu acceptată. Să mă fac iubită. Să intru „în grupul lor". Dar n-am reuşit niciodată.

Îmi amintesc discuţiile în care mă numeau „proastă", „incultă". Nu doar între ei. Şi cu neamurile. Şi cu vecinii. Râdeau de mine în faţa tuturor.

Când sora mea cea mică a râs pentru prima dată, m-a fascinat. Am fugit la mama, fericită:

— Mami! Râde ca un om mare!

Au râs. Dar nu cu mine. De mine.

Am simţit o ruşine adâncă, fără să înţeleg de ce. M-am gândit că sunt un copil prost. Şi am început să mă port ca atare.

Îmi amintesc ziua când sora mai mare şi o verişoară au pus muzică. Am început să dansez cu sora mea cea mică...

Suntem cinci fraţi. Eu sunt copilul din mijloc.

Cei doi mai mari sunt din primul mariaj al mamei mele. Cele două surori mai mici, din al doilea. Eu... sunt undeva între. Port numele primului bărbat al mamei. Dar, de fiecare dată când merg la mătuşile de la ţară, le aud spunând că sunt a celui de-al doilea.

E confuz. Niciodată nu am îndrăznit să întreb care e adevărul. Mă temeam că vor râde de mine din nou. Că mă vor face „proastă”, ca de obicei.

Dansam odată cu sora mea cea mică, bucuroasă. Muzica, momentul... păreau ale noastre. Dar sora mai mare şi verişoara au strigat:

— Dă-te la o parte! Nu ştii să dansezi!

A doua zi, am vrut să sar de la balcon. Mă simţeam inutilă. Incapabilă. Invizibilă.

Am trecut peste margine. Am stat un moment acolo, între viaţă şi moarte. Cineva m-a văzut. I-a spus mamei.

Când a venit acasă... nu m-a întrebat nimic. M-a bătut.

Nu ştiu cum, dar n-am căzut. Cred că un înger a stat acolo cu mine. M-a ţinut.

Acum, când mă gândesc că n-am făcut acel pas, cred că **lecţiile mele în această viaţă nu s-au terminat**. Poate mai am de făcut ceva important. Nu ştiu încă ce.

La muncă, fiecare zi e o tortură. În fosta mea căsnicie, am retrăit copilăria. Nimic nu făceam bine.

Nu curăţam bine, nu aduceam destui bani, nu eram „cum trebuie". Mereu criticată. Mereu în minus. El plătea, făcea, decidea. Eu doar... greşeam.

Când copilul a împlinit 2 ani, am propus să avem bani separaţi. Să împărţim cheltuielile. Măcar aşa, munca mea să fie vizibilă. El n-a văzut nimic.

Eu plăteam taxele, tot ce ţinea de copil. Voiam să-l duc la activităţi. Să-l dezvolt. Să-l întăresc. Dar nu voia.

Edi s-a născut la 34 de săptămâni. Cu insuficienţă respiratorie.

A fost o urgenţă. Cezariană. Inima lui scădea.

Mi l-au dat o secundă. Să-i simt mirosul. **Cel mai dulce miros din lume. Nu pot să-l compar cu nimic. Un parfum care a închis în el întreaga viaţă.**

L-au dus repede la incubator.

La miezul nopții, a venit o doamnă doctor:

— Vreți să vă vedeți copilul? Până dimineață... nu știm dacă mai trăiește.

— Normal că vreau să-mi văd copilul! am strigat. N-am înțeles rostul întrebării.

A venit o doamnă cu căruciorul să mă ducă.

— Nu vă faceți griji, sunteți tânără. Puteți face alții, mi-a spus.

Am început să plâng.

Eu nu voiam alții. Eu îl voiam pe Edi.

Trei săptămâni a stat în incubator. Trei săptămâni de luptă.

Doctorița mi-a spus, într-o zi:

— Ar fi bine să chemăm un preot. Să-l botezăm. Dacă moare, să poată fi înmormântat creștinește.

L-am botezat.

După aceea, copilul și-a revenit. În fiecare zi, câte o mică minune. Așa spuneau asistentele.

La fiecare două luni, mergeam la control. Singură. Tatăl lui mereu avea altceva de făcut. Mereu era ocupat.

Dar nu conta. Mă duceam. Pentru că Edi era și este minunea mea.

La 6 luni, medicii mi-au spus că nu mai este nevoie să venim la controale.

— Copilul este perfect sănătos. Nu mai are nevoie de supraveghere specială. Este o minune de copil.

Da. Este o minune de copil.

Din toate punctele de vedere.

Chiar dacă am făcut greșeli în creșterea lui. Greșeli care i-au creat blocaje. Le-am făcut pentru că **eu eram jos, foarte jos în vibrație**. Nu mă iubeam. Nu mă respectam.

Acum lucrez cu mine. Și vorbesc cu el despre tot ce învăț. Îi spun mereu:

— Învață să te iubești. Să te pui pe primul loc. Să ai încredere în tine și în inteligența ta. Când tu ești bine cu tine, totul în jurul tău e bine. Poți chiar să-i ajuți și pe ceilalți.

Îl învăț ceea ce eu nu am știut. Îl învăț să se vindece spiritual de acum, ca să nu ajungă la vârsta mea și să se întrebe, ca mine: *„În ce direcție să o apuc?"*.

Între timp, ocolim din nou clădirea.

Pe scările care duc spre ușă sunt puse semne de avertizare. Se pare că au fost închise temporar, din cauza gheții și a riscului ca zăpada să cadă de pe acoperiș.

Dar le ignor. Trebuie să ajung la ușă. Vreau rucsacul.

Ușa e încuiată. Mă cuprinde din nou disperarea.

Sun la sonerie. Nimic.

Pe ușă e lipit un afiș. Două numere de telefon. Îi dau lui Marius biletul, noroc că știe germană.

Sună.

— Vă rog să sunați după ora 9:00. Momentan nu e nimeni aici care să vă poată ajuta, i se spune la telefon.

Aoleu... mi se face rău.

— Hai să mâncăm ceva, îmi spune Marius.

Îmi vine să plâng din nou. N-am niciun ban.

— Trebuie să folosim şi bonurile primite de la Lufthansa, îmi aminteşte.

Da. Uitasem. Dar ce bine că le mai am...

Mergem să mâncăm. Eu dau nervos din picioare. Neliniştea mi-a intrat în corp.

— Linişteşte-te. O să-l găsim. Nu se grăbeşte timpul doar pentru că dai din picioare.

— Simt că a trecut o veşnicie. Sunt atât de stresată...

În sfârşit, se face ora 9:00.

— E 9:00. Sună!

— Of, sun acum.

Vorbeşte la telefon. Pare să dureze o eternitate. Eu simt că nu mai pot respira.

După cinci minute (sau cinci secole):

— Ce-au spus?! Ce-au spus?!

— Calmează-te. Trebuie să mergem înapoi la aeroport, la Terminalul 2. Acolo ne așteaptă doi polițiști.

Ajungem la locul stabilit. După câteva minute, apar cei doi polițiști.

Tineri. Înalți. Cu expresii calme. Dar eu nu pot să nu observ... pistoalele.

— Sunteți persoanele cu rucsacul rătăcit?

— Da...

— OK. Veniți cu noi.

Respir. Dar inima mea e încă în suspensie.

Urcăm două sau trei etaje. Nici nu mai sunt sigură. Sunt sigură doar de un lucru: polițiștii se mișcă încet. Foarte încet.

— Am venit după rucsac, le spun colegilor lor.

— Nu mai e aici. L-au trimis în cealaltă clădire.

Pffff... amețesc.

— Ce înseamnă „cealaltă clădire"? Unde e?!

— La Terminalul 1.

— Of!!! Şi de ce nu ştiaţi de la început? La cum merg lucrurile, o să pierd avionul!

— Nu mai fi disperată. O să fie bine, îmi spune unul dintre ei.

— Îmi vine să-i împing pe toţi de la spate! Atât de lent se mişcă...

— Calmează-te, îmi şopteşte Marius.

Ajungem într-un alt birou sau ce-o fi fost. Totul era securizat. Nu puteam intra. Gratii, bariere.

— E aici rucsacul? întreabă poliţiştii pe o doamnă de acolo.

— Mă uit acum.

Tensiunea mea e sigur peste 100. Dacă nu e acolo? Ce mă fac?

Din fericire... e acolo.

Doamna descuie o uşă, apoi trece de gratii şi iese cu rucsacul în mână.

— Demonstrează că e al tău, îmi spun poliţiştii.

Aveam paşaportul pregătit. Îl scot imediat. Nu mai pierd nicio secundă.

Coborâm cu liftul. **Când ieşim, izbucnesc în plâns.** De uşurare. De bucurie. De oboseală acumulată în tot corpul.

Marius mă ia în braţe. Nu spune nimic. Doar mă ţine.

O luăm la fugă spre Terminalul 2.

— Am nevoie la toaletă, spune Marius.

— Nu! Nu acum. Trecem întâi de control şi apoi mergem.

— Eşti de groază. Avem timp suficient!

— Până nu mă văd aproape de poartă, nu pot să mă liniştesc.

Zâmbeşte. Mă ia în braţe şi mă sărută pe frunte. Un gest atât de blând... încât aproape mă face să uit tot ce a fost.

Trecem de controlul de bagaje.

— Acum pot să merg la toaletă? întreabă Marius, râzând.

— Da. Acum putem. Şi încep să râd şi eu.

Ne apropiem de poarta mea.

— Mi-a făcut plăcere să te cunosc, îmi spune.

— Şi mie.

— Avionul meu s-ar putea să aibă întârziere, spune zâmbind.

— Poate mai rămâi o noapte aici.

Ne îmbrăţişăm. Apoi se duce spre poarta lui, spre Cluj.

Nu trece mult şi se afişează: avionul spre Sibiu – întârziere 30 de minute.

Îi scriu pe WhatsApp:

— Eu sunt cea care mai rămâne o noapte aici, până la urmă.

— Ai grijă de rucsac! Să nu-l mai pierzi!

— Ha-ha-ha!

— Zbor lin, Iulia.

— Şi tu, Marius.

Din fericire, avionul meu vine.

Ne mai scriem, din când în când, pe WhatsApp. Ne amuzăm pe seama rucsacului.

Dacă nu era el, nu știu cum aș fi trecut prin toată încurcătura aceea.

Poate Universul trimite uneori salvatori tăcuți. Cu zâmbet cald, brațe deschise.

Dumnezeu. Universul. Lucrează prin oameni. Ne trimit, din când în când, câte un înger care ne scoate dintr-o situație neplăcută.

Nu suntem niciodată singuri. Trebuie doar să vedem. Să acceptăm.

În sfârșit, ajung acasă. La prințul meu. La Edi. Îl văd și mă simt întreagă din nou.

De când am divorțat, n-am dormit niciodată fără el acasă. Fără să-i știu respirația. Fără să-i aud pașii.

Nu-mi desfac bagajul. Nu am energie. Mă arunc în pat.

Salteaua e îngustă. Camera, mică. Dar aici e liniște. Și pot dormi fără stres. Asta e tot ce contează.

După un weekend întreg petrecut în pat, revin la muncă.

Deschid laptopul. Un e-mail nou.

„Pe 15 ianuarie trebuie să mergi în audit în Turcia.”

— La naiba, chiar am crezut că am scăpat.

De data asta, trebuie să merg singură. Până în Turcia. Nu știu cum mă voi descurca. Mi-e teamă.

Încep din nou să-mi caut de lucru. Disperată. Condițiile devin tot mai grele. Tensiunea, tot mai apăsătoare. Șeful meu? Nu-l recunosc.

La început, m-am înțeles bine cu el. Speram să învăț de la el. Să cresc în rolul acesta. Dar m-am înșelat.

De ce nu-mi găsesc altceva? De ce încă sunt aici? Ce mai am de învățat de la firma asta?

O sun pe verișoara mea, Natalia. Întotdeauna mi-a dat sfaturi bune.

— Nu te mai stresa, îmi spune. N-ai nevoie de nimeni să vină cu tine. Tu chiar nu vezi cât de puternică ești? Această călătorie te pregătește pentru ceva frumos. Ai încredere.

Respir adânc. Încerc să mă liniștesc.

— OK. Vedem ce mai aduce viața. Oricum, vin sărbătorile. Nu pot face mare lucru acum...

În timp ce îmi beau cafeaua, primesc un mesaj pe WhatsApp de la cosmeticiana mea:

„Hey! Pe 11 ianuarie vine la Sibiu o fată din Braşov. Face constelaţii familiale.”

„Wow! Sună interesant. Cât costă?”

„300 de lei.”

„300? E OK. Vreau să particip”.

Vine Crăciunul.

În sfârşit, o săptămână de linişte. Iniţial, nu voiam să iau brad. Nu aveam chef. Dar Edi îşi doreşte. Aşa că mergem împreună să alegem unul.

Facem un Crăciun frumos. Cald. Edi petrece revelionul cu prietenii. Eu, singură.

Şi ştii ceva?

Îmi place. Îmi place să petrec timp cu mine. În linişte. În sinceritate.

CAPITOLUL 4

Turcia, privirea care aprinde stele

Noul an nu aduce nicio schimbare la serviciu. Atitudinea șefului devine tot mai urâtă, zi după zi.

Îi scriu colegului din Germania, Aslan, să ne aliniem cu cazarea și transportul de la aeroport. Poate am noroc să-l întâlnesc în aeroport și să mergem împreună la hotel.

Conversația cu el mă liniștește.

Îi dau și numărul meu personal. Cel de serviciu funcționează prost și nu vreau să rămân blocată prin aeroportul din Turcia.

Îi scriu pe Teams, glumind:

> — Poate nu ne recunoaștem în aeroport. O să am o pancartă cu numele tău!

În secunda următoare, primesc un mesaj pe WhatsApp:

> — Hi, here is Aslan.

Zâmbesc. Îi mulţumesc că a acceptat numărul meu personal şi că mi l-a trimis şi pe al lui.

Îmi trimite o poză cu el.

Ufff... într-adevăr, nu l-aş fi recunoscut în aeroport. În poza de pe e-mail părea cu totul alt om. În poza asta arată mult mai tânăr.

— În regulă, acum te recunosc. Dacă vezi o persoană disperată în aeroport, să știi că sunt eu, îi scriu râzând.

Adevărul e că mi-e frică. Mult.

— Crezi că e atât de rău încât să fii disperată?

— Când e ceva nou, da. Îmi e teamă.

— Nu-ți fie frică. Nu eşti singură.

Cuvintele astea mă ating. „*Nu eşti singură.*"

Mi se ridică o greutate de pe suflet. Zâmbesc. În sfârşit, zâmbesc. Şi corpul meu parcă zboară. Se simte uşor. Este atât de bine...

A doua zi îmi scrie din nou:

— Ți-ai făcut cazarea?

— Da, Ana a făcut rezervarea. Hotelul e foarte frumos.

— Da, arată bine.

De fiecare dată când îmi scrie, mă face să mă simt ușoară, calmă, puternică. Nu înțeleg de ce. Nu m-am simțit niciodată așa.

Astăzi merg la constelația familială.

Facem cunoștință cu Petra. Când începe să ne povestească despre ea, despre ce sunt constelațiile și cum se desfășoară, mi se pare incredibil.

Suntem nouă persoane. Și fiecare reușește să-și facă propria constelație.

Se constelează **neîncredere, gelozie, cancer, frică, ticuri ale copiilor...**

Mă uimește cât de multe trăiri adânci ascundem toți. Oamenii care păreau atât de puternici erau acolo ca să-și înțeleagă rănile.

Eu îmi constelez puterea de a-mi face treaba bine și corect la serviciu.

Cei care au intrat în constelația mea simt că nu este nicio problemă. Că îmi fac treaba bine. Că sunt în regulă.

E prima dată când o voce din afara mea îmi confirmă ceva ce în sufletul meu știam, dar nu aveam curaj să cred.

Și totuși nu înțeleg.

Nu înțeleg de ce șeful meu nu este mulțumit de mine. De ce, în fiecare zi, mă duc cu groază la serviciu.

Constelația a fost intensă. Plină de emoții. Au ieșit la suprafață informații adânci, pe care nu le bănuiam.

Dar mă simt bine. Eliberată. Schimbată.

Se spune că aceste constelații lucrează până la 9 luni. Poate până în septembrie. Dar eu simt deja o schimbare. Sper să se vadă efectele și în afară. Cât mai repede.

Am obosit să plâng în fiecare zi.

Sunt obosită să mă ridic din pat dimineața. Cred că o fac doar pentru Edi. Să-i ofer o viață mai bună. Să aibă un drum ușor. Să învețe să fie fericit. Să nu crească cu greutatea pe care o car eu.

Mă trezesc la ora 2:00 dimineața. Fac un duș, mă pregătesc.

La ora 6:00 am avionul. Trebuie să fiu în aeroport la ora 4:00.

Urmează delegația în Turcia.

Ajung în Münich. Urmează escala de 4 ore.

Primesc un mesaj de la Aslan:

— Bună, ești în Münich?

— Hey! Da. La 11:40 am zborul spre Turcia.

— Eu am la 12:40.

— Super, te aștept în aeroport.

— Ai o nouă poză de profil. Acum te pot recunoaște.

Până atunci aveam o poză cu un dragon.

Iubesc dragonii și lupii. Iubesc poveștile mistice. Lumea nevăzută.

— Da, dar în realitate sunt mai plinuță. Îmi place să mănânc multă ciocolată.

— Hmm, eu credeam că îți place baclavaua.

— Oooo, da! Iubesc baclavaua. Abia aştept să mănânc una adevărată. La întoarcere sigur nu mă mai poate duce avionul, la cât o să cântăresc.

— O să iei câteva kilograme în plus, dar hotelul are piscină şi sală de fitness. Poți face sport în fiecare zi.

— Cred că acolo o să merg. Nu la audit!

— Auditul e mâine. Azi, ne relaxăm. Eu merg la piscină şi la fitness.

— Sunt trezită de la 2 noaptea. Sunt epuizată.

— Oooo... eşti obosită. Încearcă să dormi în avion.

— Dar mi-ar plăcea şi să vizitez ceva.

— Ce anume?

— Nu ştiu. Este prima mea vizită în Turcia. Te las pe tine să alegi.

— O să decidem spontan.

— Oki doki!

— Zbor plăcut!

Zâmbesc. Îmi place cum sună asta: „O să decidem spontan". E pentru prima dată când ceva necunoscut nu-mi mai pare periculos. Ci... promițător.

— Și ție, îi răspund.

Vine avionul. Sunt atât de obosită, încât reușesc să dorm aproape o oră.

— Am aterizat acum, îmi scrie Aslan.

— Te aștept cu un afiș mare cu numele tău, îi răspund râzând.

Râde și el.

— Durează câteva minute, să-mi iau bagajul și să trec de pașaport.

— Oki doki. Te aștept.

— După ce-mi iau bagajul, te anunț.

Mă așez într-un colț al aeroportului. Nu îi atrag atenția. Vreau să văd dacă mă recunoaște.

Se uită în jur, dar nu mă vede.

— Deci... nu mă recunoști.

Se întoarce. Mă vede. Râdem amândoi. E un început ușor, cald, ca o scenă de film cu două suflete care se recunosc într-o altă lume.

— Trebuie să vină furnizorul să ne ia și să ne ducă la hotel, îmi spune Aslan.

Furnizorul ne preia și începem o conversație relaxată în mașină. Din ce povestește Aslan, îmi dau seama că e divorțat.

Nu înțeleg de ce mă interesează dacă e sau nu căsătorit. Poate pentru că, în ciuda relațiilor toxice din trecut, undeva în mine... încă există dorința de a fi văzută, aleasă, înțeleasă.

Ajungem la hotel. Ne cazăm. Furnizorul ne scoate la cină.

Caracatiță. Pește. Arome noi. Totul e delicios. O doamnă ne aduce flori la masă. Primesc un trandafir. Mă simt răsfățată. Mă simt femeie.

La întoarcere spre hotel, Aslan îi spune furnizorului că iubesc baclavaua. Mă duc la un magazin şi îmi cumpără mai multe sortimente.

Ajung în cameră. Abia atunci îmi dau seama că am luat toată baclavaua cu mine, fără să îi dau şi lui.

— Îmi pare rău, am luat toată baclavaua fără să îţi las şi ţie. Nu a fost deloc politicos din partea mea, îi scriu.

— Este în regulă. Pentru azi, oricum nu mai pot mânca. Dar dacă vrei, pot să îţi ţin companie. Ne întâlnim în lobby?

— Azi nu mai pot ţine ochii deschişi. Mâine mâncăm împreună. E senzaţională!

— Atunci... noapte bună!

— Noapte bună!

E abia 19:30. Dar sunt epuizată. După 10 minute, îmi trimite un filmuleţ cu ceva ce vizitează.

— Wow! îi scriu.

— E în spatele hotelului. Stomacul meu e atât de mare, a trebuit să ies la plimbare.

— Mâine vreau şi eu să mă plimb pe acolo.

— Putem merge împreună.

— Super!

Îmi mai trimite un filmuleț, dar adorm înainte să-l văd.

A doua zi, dimineață, furnizorul vine să ne ducă la fabrică. Începe auditul.

Primirea e caldă. Ne servesc cu ceai și cu dulciuri.

Ei beau foarte mult ceai. Pentru mine... e o problemă. Nu-mi place ceaiul. Mi-e jenă să-l refuz, dar mă salvează Aslan. Îl bea el, cu un zâmbet complice.

La pauză, furnizorul ne duce în oraș la masă.

Foarte multe feluri de mâncare. Și tot timpul veneau cu ceva nou, cald, aburind. Prea mult. Din păcate, n-am reușit să mănânc mult.

La final, ne-au adus baclava cu înghețată. Delicioasă. Atât de bună că un băiat îmi dă și porția lui, văzând cât de mult îmi place.

Auditul decurge bine. După terminarea zilei, furnizorul ne duce înapoi la hotel.

După câteva minute, primesc un filmuleţ cu Aslan la piscină.

— Oooo, ce viaţă! îi scriu.

— Hai şi tu!

— N-am costumul de baie la mine.

Îmi trimite un emoticon trist. Zâmbesc.

Adevărul e că nu aş putea să merg la piscină cu un coleg. Încă nu. Nu mă simt pregătită pentru asta.

— Cred că o să ies la plimbare pe lângă apă. Tu în apă, eu pe lângă.

— Bine. Ne vedem mai târziu.

— Oki doki.

Îi trimit o poză cu priveliştea de la camera mea. Superbă.

— Cred că mă duc să-mi schimb şi eu camera!

Încep să râd.

— De ce râzi?

— Îmi pare rău, dar nu cred că vei primi o cameră mai bună.

— La piscină e plictisitor. Mă duc în cameră.

— Dacă vrei, poți veni cu mine la plimbare. Tocmai plec.

— OK, vin. Dă-mi câteva minute să mă schimb.

— OK.

— Acum vin.

— Sunt jos, te aștept.

Îmi trimite două poze pe care le-a făcut furnizorul cu noi.

Sunt groaznică în ele.

— Nu-mi plac. Șterge-le, te rog.

— Ești foarte frumoasă.

Zâmbesc. Nu știu când m-a mai făcut cineva să mă simt așa bine.

Ne plimbăm. Vorbim puțin. Ne înțelegem mai mult din tăceri.

La final, mergem fiecare în camera lui.

Îmi trimite o poză cu agenda auditului de a doua zi.

— 8:30.

— Da, e în regulă. Sunt matinală.

După plimbare și toată ziua, sunt foarte obosită. Adorm repede.

Mă trezesc la 5:00 și văd un mesaj de la el:

— Dormi?(însoțit de un scurt video)

La 7:00 îi răspund:

— Nu mai dorm.(și îi trimit o poză cu cafeaua)

— Acum încerc să mă trezesc. Iei micul-dejun?

— Da.

— Eu sunt încă plin de cât am mâncat ieri. Mă îmbrac și cobor și eu.

— Trebuie să reziști și azi. Eu am nevoie de cafea.

A doua zi de audit e mai relaxată. Discutăm și hotărâm să mergem la masă abia după audit. Suntem încă sătui din ziua anterioară.

Astăzi se alătură și colegul de la achiziții.

Dar în aer... rămâne ceva nespus. Un fir subţire, cald, care începe să se ţeasă între mine şi Aslan. Şi mă întreb, în gând:

Ce se întâmplă cu mine? Ce se întâmplă cu... noi?

Mergem la masă. Aslan stă în faţă, eu în spate, lângă colegul de la achiziţii.

— Îmi trimiţi linkul la serialul de care mi-ai povestit?

Îi vorbisem despre Friends. Cât de amuzant e. Şi cât de des încă mă uit la el.

— Mă uit când ajung în Germania.

— Dar *Lord of the Rings*, l-ai văzut?

— Nu.

— Nuuuuuuuuuuuuuuuuu!!!

— Hey!

— Cred că e cel mai bun film pe care l-am văzut vreodată!

— Bine... o să mă uit pentru tine.

— Inelul de pe degetul meu e din film.

— Serios? Credeam că ţi l-a dat cineva.

— Nu, l-am cumpărat. Am și cărțile. Îmi place să le cumpăr... deși nu mai am unde să le pun. Am o grămadă de cărți care mă așteaptă. Și eu cumpăr în continuare... Cred că sunt nebună.

— Nu. Cred că ești o femeie cool, bună și drăguță.

Zâmbesc. Îmi place felul în care îmi spune asta. Simplu. Fără așteptare. Fără pretenție.

Ajungem la un restaurant mirific. Chiar lângă apă.

Este atât de frumos, încât nu mă pot abține. Mă apropii de mal.

Aslan vine și el. Îmi face câteva poze.

Din greșeală, înregistrează un filmuleț scurt cu pașii noștri cum se apropie unul de celălalt.

Videoul e magic. Parcă ne îndreptăm unul spre celălalt fără să știm. Fără să planificăm. **Ca două fire trase de același destin.**

Sunt nebună cu aceste gânduri, îmi spun în minte.

Dar e ceva... ce nu pot opri.

Nu înțeleg de ce mă simt ca o prințesă lângă el. E foarte fain.
Și totuși... încerc să-mi opresc gândurile. E doar colegul meu. Doar atât.

El merge la toaletă. Eu mă așez la masă cu colegii.

Când vine mâncarea, îi trimit o poză.

— E timpul să mâncăm. Din nou.

— Da... n-am mai mâncat de mult, răspunde, și râdem amândoi.

Vin din nou zeci de feluri de mâncare. Furnizorul observă că îmi place un anumit preparat și comandă două porții doar pentru mine.

După cină, colegul de la achiziții vrea să meargă într-un mall.
El merge cu furnizorul. Eu rămân cu Aslan.

Ne plimbăm. Îmi cumpără o înghețată. E delicioasă. Cred că înghețata din Turcia e cea mai bună din lume.

Văd o brățară care îmi place. Vreau să o cumpăr. Dar el insistă să o plătească.

Plimbarea durează vreo două ore. Povestim. Zâmbim. Nu grăbim nimic. Timpul curge altfel.

Am impresia că... poate vrea mai mult. Dar... poate e doar impresia mea.

Ne întâlnim din nou cu colegul şi cu furnizorul şi ne îndreptăm spre hotel.

Mă gândesc că e timpul să-mi fac bagajul.

Mâine plec acasă.

Dar ceva din mine... nu mai vrea să plece.

Ajungem la hotel.

— Vrei să ne mai plimbăm puţin? mă întreabă Aslan.

E târziu. Sunt şi obosită. Dar...

— OK. Ne vedem în 20 de minute jos.

Când cobor, îl văd aşezat într-un fotoliu. Se uită la mine.

Privirea lui se duce direct în inima mea. Inima începe să-mi bată nebuneşte. Picioarele îmi tremură de emoţii.

Ne plimbăm. Vorbim. Totul curge firesc. Frumos. Plin.

Ne așezăm pe o bancă. Continuăm să vorbim, și apoi...

Mă sărută.

Totul începe să se învârtă cu mine. Corpul meu tremură. Vibrează.
N-am simțit niciodată așa ceva în brațele unui bărbat.

E incredibil! Nu știu cum mai pot merge. Impactul acelui sărut m-a lăsat fără putere.

Se apropie niște oameni. Trebuie să ne ridicăm. Ne plimbăm mai departe. El caută un loc mai retras.

> — Aici, în partea asta a Turciei, nu e bine să ne vadă cineva că ne sărutăm.

> — Putem merge la tine în cameră să... povestim, îi spun.

Nu pot să cred că am zis asta. Dar mă bucur că i-am zis „în camera ta" și nu în a mea. Am spațiu să plec, dacă simt că e prea mult.

Mă simt minunat. El îmi propune să rămân peste noapte.

> — OK... dar nu mergem mai departe de săruturi, îi spun.

Toată noaptea ne-am sărutat. Ne-am jucat. Ne-am tachinat.

A fost o joacă a minții. A dorinței. A vibrației dintre două corpuri care se înfrânează.

Săruturile lui... atingerile lui... Îmi făceau corpul să tremure și să vibreze de emoție și plăcere.

N-am crezut vreodată că așa ceva există. Citisem în romane. Dar... acum eram eu în acea poveste.

Se face dimineață. Trebuie să merg la aeroport.

Dar nu vreau să mă desprind din brațele lui. Mă agăț cu tot sufletul de ultima clipă.

Mă îmbrac în grabă. Am stat prea mult îmbrățișați. Furnizorul trebuie să apară.

Cobor. Imediat îmi scrie:

— A ajuns?

— Nu.

— Îți trimit numărul lui.

— Am uitat să încarc telefonul. Mai am doar 15% baterie.

— OMG. Încarcă-l în lobby.

— A venit acum. Nu mai am timp. M-ai ameţit de tot, am uitat ce trebuie să fac!

— Super. Zbor bun!

— M-ai zăpăcit.

— Pe mine mă doare capul...

— Dacă făceam dragoste, nu te mai durea. Dar n-ai vrut. Acum eram amândoi bine.

— Mmmmmm... vreau, vreau!

— Hai înapoi!

— Tu trebuie să vii la mine...

— ASAP, baby.

Zâmbesc. Inima mea încă e în camera lui. Trupul îmi e în drum spre aeroport. Dar ceva în mine... s-a trezit.

Şi nu mai doarme.

Când am văzut cuvântul „baby", zâmbetul mi s-a lărgit fără să vreau.

— O să mă pun la somn un pic. Să ai un zbor plăcut, *my lovely*.

Dar mie mi-a revenit stresul zborului.

Aeroportul ăsta mi se pare haotic. Trebuie să trecem prin două controale. Furnizorul e foarte drăguț cu mine. Mă conduce până la primul control.

— Dacă te confrunți cu vreo problemă, scrie-mi, îmi spune.

Din fericire, mă descurc. Ajung la poartă. Și exact atunci... îmi scrie Aslan.

— Bună dimineața, draga mea!

Of, s-a trezit. Ce norocos. A reușit să doarmă.

— Ești în avion?

— Nu încă.

— Avionul e la timp?

— Acum sunt la poartă.

— Îmi e dor de tine.

— Îmi doresc să fiu în brațele tale acum...

— Şi eu. Vreau mai mult. Mă duc să fac un duş, să-mi revin.

Mă amuz. Dar următorul mesaj îmi taie respiraţia.

— Ţi-ai uitat ceva la mine, *baby*.

Îmi trimite o poză cu... bikinii mei.

Mi se face rău. Cum am putut să uit aşa ceva?!

— Rămâne suvenirul meu, spune el.

— Te rog... aruncă-i!

— Miros a tine...

Mor de ruşine. Dar... şi zâmbesc.

— Ce cuvânt mi-ai spus aseară în română?

— *Te doresc.*

— Glumeşti!!! Puteai să mă ai toată noaptea...

— Naaa... mai întâi trebuie să cucereşti. Jocul nostru a avut... ceva. N-am simţit niciodată aşa. Totul s-a învârtit cu mine.

După o jumătate de oră, îmi trimite poze. E la apartamentul fratelui lui.

— Distracţie frumoasă. Şi mănâncă baclava pentru mine.

— O s-o fac. De fapt... am apetit pentru tine. Mă gândesc doar la tine şi la noaptea noastră. Data viitoare... nu mai ai nicio şansă!

— Mai vedem... răspund amuzată.

— Mă gândesc cum să găsesc o scuză să vin cât mai curând la tine. Ce faci acum?

— Îmi încarc telefonul. Aseară, în loc să-l încarc, capul meu era la Mr. Aslan...

Povestim până vine avionul.

În sfârşit...

— Ai ajuns?

Dar niciun zbor din lume nu te poate aduce înapoi dintr-o noapte ca aceea. **Eşti acolo, într-un spaţiu suspendat între dorinţă şi emoţie.**
Şi o parte din tine... nici nu vrea să plece.

— Da, am fost și la cumpărături. Acum sunt foarte obosit. Nu am reușit să dorm.

— În regulă. O să scriem mai târziu.

— Știi... îmi place când îmi spui *baby*.

— Da... tu ești *my baby*.

Vorbim până când ochii mi se închid singuri. Dimineața găsesc câteva mesaje de la el. Zâmbesc din nou. Nici nu știu cum aș putea să nu...

A doua zi scriem nonstop. Ne amuzăm despre cum va fi ziua de luni, despre cum o să fie să ne uităm unul la altul în ședințe, făcându-ne că nu s-a întâmplat nimic. Dar s-a întâmplat totul.

Urmează auditul din Cehia. Pe 24. Îi trimit poza cu programul.

— Super, în 24 sunt și eu în München. Încerc să iau bilet pentru aceleași ore. Ce zici? Ne putem vedea în aeroport?

— Nu știu...

— De când am fost împreună, numai la tine mă gândesc. Mirosul tău a rămas cu mine. Poate poți să-ți iei zborul cu o zi mai devreme, să ne vedem o zi?

— Nu pot. Trebuie să iau biletele conform zilelor de audit.

— Atunci... încerc să vin la tine cât de curând. Dar... poate reușim câteva minute în München. Numai când mă gândesc că ne revedem, corpul meu începe să tremure.

Ne căutăm în continuare. O soluție. Un interval. O portiță. Mințile noastre, corpurile noastre au nevoie să se regăsească. Urgent.

— Am găsit o ofertă să vin în martie.

— Martie? E prea departe. Vreau să vii mai devreme. Uite... o ofertă mai bună. 5 zile.

— Nu e prea mult? Dacă nu mă placi? Dacă nu pot pleca ușor?

— Chiar crezi asta?

— Da...

— Baby... ai încredere în mine. E imposibil să nu te plac.

— OK... gata. Am cumpărat pentru weekend.

— Super!

Și apoi, vine îndoiala. Ca un nor pe cerul proaspăt.

Poate am greșit. Poate nu mă place. Poate e doar o poveste pentru el. Poate... nu știu ce fac.

Ar fi fost mai bine să-l las pe el să vină. Dar... nu am baia terminată. Camerele sunt aproape goale. Nu am mobilă de bucătărie.

E mai simplu să merg eu.

— Poate mă lași în aeroport și nu vii după mine...

— *Baby... ai încredere. Va fi minunat.*

Încerc să-l cred. Dar inima mea încă nu știe dacă e poveste sau adevăr. Doar că simte. Intens. Frumos. Necunoscut.

— Poate o să sufăr după asta. Offff... îmi e atât de teamă.

— Linștește-te, *baby*. Trebuie să ne întâlnim și să ne cunoaștem mai bine. O să vin și eu la tine.

— Poate după ce vin la tine... te faci că nu mă mai cunoști.

— De ce gândești așa? Îmi place corpul tău. Dar nu numai asta. Îmi place de tine... ca persoană.

— Tot nu mă pot liniști.

În sinea mea... aș anula zborul. Cred că am făcut o prostie că l-am cumpărat.

Ne scriem până târziu, aproape de 11 noaptea. El încearcă să mă liniștească, să-mi spună că totul va fi bine.
Eu mă zbat cu gândurile mele.

La 4 dimineața mă trezesc și îi trimit o poză cu biletul de avion.

Mai sunt 12 zile...

Ne scriem mult. Ne scriem aproape nonstop. Mesajele lui mă fac să-l doresc tot mai mult. Sunt din ce în ce mai nerăbdătoare să-l revăd.

Astăzi plec în audit, în Cehia, cu un coleg din Germania. Ne întâlnim în aeroport. E amabil. Îmi aduce o sticlă cu apă, a închiriat deja mașina.

Pe drum, proprietarul apartamentului în care ne vom caza îi scrie colegului că pleacă la ora 19:00 şi lasă cheia într-o cutie. Îl sun imediat. Dacă nu l-aş fi sunat, rămâneam fără cazare. Mă întreb de ce nu mi-a scris şi mie, dar... nu mai contează. Am rezolvat.

Pe măsură ce ne apropiem de cazare, se întunecă. Este tot mai multă gheaţă, totul alunecă. Intrăm cu maşina într-o zonă de pădure. E beznă. Nu vedem nicio altă maşină. Niciun semnal.

Mă panichez.

În faţă, un deal acoperit de gheaţă. Trebuie să urcăm cu maşina.

Pfffff...

Îmi vine să ţip. Colegul meu e în sandale, eu abia respir de frică. Căutăm cutia cu cheia la lumina telefonului. E o nebunie. În jur, doar pădure şi întuneric.

Când intrăm, dăm de o cabană pentru tabere, cu paturi supraetajate. E frig. Mi se pare murdar. Dorm îmbrăcată, încordată.

Dimineaţa încerc să fac un duş, dar şi acolo totul mi se pare respingător. Afară, din fericire, s-a topit puţin din gheaţă. Drumul spre furnizor e ceva mai uşor.

— Cum e auditul? mă întreabă Aslan.

— Greu...

— Offf, *my poor baby.*

— E frig. Trebuie să mergem de la o fabrică la alta, cam 10 minute pe jos. Prin zăpadă. E groaznic. Abia aștept să vin la tine.

— Te aștept în aeroportul din München.

— Nu cred că va fi posibil...

— Mi-e dor de tine. Risc pentru câteva minute să te văd.

Auditul se termină bine. Pe drum spre aeroport avem o întârziere. A fost un accident. Stăm blocați în trafic.

Chiar și colegul meu, cu peste 20 de ani de audituri, spune că n-a trăit o astfel de experiență.

Ne uităm unul la altul și începem să râdem. Uneori, râsul e singurul mod prin care mai putem înainta.

Dar, în mine, ceva nu râde. Se zbate. Așteaptă. Simte.

Mai sunt 10 zile. Şi deja... simt că ard.

În sfârşit... ziua de 2 februarie. Ziua în care îl revăd pe Aslan.

Inima îmi bate cu putere. Sunt plină de emoţii, nerăbdare, teamă, entuziasm şi... o umbră de îndoială. Oare chiar mă place? Oare sunt doar o aventură pentru el? Ce fac dacă mă simt prost acolo? Dacă totul a fost doar un joc?

Dar, în acelaşi timp... Ne scriem în fiecare zi, aproape nonstop. Ne povestim vieţile, visurile, dorinţele... Cum să nu însemne nimic?

Şi totuşi, în ziua de azi, e uşor să te pierzi în mesaje frumoase şi iluzii dulci. Vedem acum. Dacă nu mă simt bine, plec. Mă întorc la aeroport şi aştept până luni. Simplu.

Avionul e plin de colegi de serviciu. Aşa că Aslan mă aşteaptă direct în maşină, să nu ne vadă nimeni. Mă urc, mă sărută scurt, e în şedinţă pe telefon.

Ne oprim la un magazin turcesc. Îmi cumpără baclava. Zâmbesc. Ştie cât îmi place. Îmi plac aceste gesturi simple, sincere.

Ajungem la el acasă. Are o casă mare, iar la subsol şi-a făcut un spaţiu doar al lui. Mă ia în braţe, mă sărută, mă duce direct în cameră.

— Te-am aşteptat destul...

Atingerile lui îmi fac corpul să tremure. În sfârşit, mă simt completă. Ca şi cum... ceva pierdut în mine s-a regăsit.

Mă duce în locuri frumoase, îmi oferă momente care mă fac să mă simt ca o prinţesă. Când suntem doar noi, e cald, protector, amuzant. Seara ne uităm la filme. Mă ţine în braţe. Mă face să simt că îi aparţin.

Dar... în ultima seară, totul se schimbă.

Se retrage în colţul lui de pat şi scrie mult pe telefon. Zâmbeşte, dar nu-mi spune nimic. Îl simt departe, rece. Nu-mi spune „baby", nu-mi caută privirea.

Simt cum inima mea se strânge.

Încerc să ignor. Dar nu pot şi mă duc să-mi fac bagajul. În mintea mea... deja m-am despărţit de el.

„Probabil s-a plictisit. Sau are pe altcineva." „A fost curios, a obţinut ce a vrut. Acum... nu mai sunt interesantă."

Îmi spun că e bine că s-a întâmplat asta abia în ultima seară. Pot să plec cu fruntea sus. Mi-am făcut iluzii. Prea multe.

A fost frumos. Dar acum... am revenit cu picioarele pe pământ.

Dimineața, mă duce la aeroport. Conduita lui e politicoasă. Atât. Mă bucur că e rece doar acum, că nu a stricat întreaga experiență.

Îi scriu un mesaj scurt, în care îi spun, mai în glumă, că sper să nu râdă de mine cu colegii. Apoi îl șterg.

Pentru că nu mai contează.

După ce am plecat de la el, Aslan îmi scrie după o jumătate de oră:

— Ești bine?

— Da.

— OK. Să ai un zbor plăcut.

Zborul are întârziere, iar în jurul meu, românii devin tot mai agitați, gălăgioși. După o oră, fără să mă gândesc prea mult, îi trimit o poză cu noi doi, care îmi place foarte mult. Nu înțeleg de ce o fac. Poate ar trebui să nu îi mai scriu. Să-mi văd de viața mea.

Dar după câteva ore îmi scrie din nou:

— Ai aterizat?

— Da. A fost emoționant. Vântul a fost foarte puternic, au fost turbulențe mari. La aterizare, câțiva oameni au început să strige de frică.

— OMG.

— Mie mi s-a părut amuzant. Dacă nu aveam rucsacul, cred că mă lua vântul pe sus.

— Trebuie să mănânci mai multă carne.

Ne mai scriem puțin. Îmi spune că merge la fiica lui. La ora 22:00 îmi scrie din nou: „Dormi?"

Văd mesajul... dar îl ignor. Poate e mai bine așa.

La 12 noaptea... apoi la 1:00... alte mesaje. La 6 dimineața, când mă trezesc, îmi scrie iar:

— Bună dimineața, iubita mea.

— Bună dimineața, my baby.

— Ce faci? Mi-e dor de tine.

Îi trimit o poză, sunt în drum spre muncă.

— Abia aștept să te văd vineri.

Şi, da, vineri vine la mine.

Şi-a organizat o vizită la furnizor în România şi rămâne o   săptămână.

Asta mă surprinde, după ultima seară petrecută împreună, nu credeam că va mai dori să ne vedem.

— Acum eşti pe teritoriul meu, îi scriu.

— Te duc la castelul lui Dracula şi îţi sug tot sângele.

Zâmbesc.

E din nou jucăuş, cald. Poate chiar m-am înşelat...

Din păcate, sunt răcită cobză.

Mi-e şi un pic ruşine că nu am decât patul lui Edi, nu am chiuvetă în baie, doar în bucătărie, şi nu am mobilierul complet.

Fratele meu mi-a spus că pot să-l las pe Edi la el, pentru că tatăl copilului nu-l mai poate ţine în timpul săptămânii, s-a mutat cu iubita lui şi... „nu vrea să fie deranjată".

Discut cu Edi. Îi spun sincer despre situație și între ce limite ne vom învârti. E înțelegător și îmi spune că e în regulă.

Îi explic și lui Aslan, iar răspunsul lui mă liniștește: „Nicio problemă. O să am grijă de tine și o să te răsfăț".

Conversațiile noastre devin din nou calde, blânde. Încep să cred că, poate, totul a fost doar în mintea mea. Poate chiar s-a simțit bine cu mine. Vedem... săptămâna abia începe.

Va sta la mine doar în weekend, iar apoi se va caza la hotel. Eu voi merge la el în fiecare seară. Sunt nerăbdătoare să-l am din nou aproape.

Astăzi, o veste neașteptată: șeful meu pleacă.

Adevărul e că voiam să plec eu. Îmi căutam deja alt job. Dar am cerut Universului să se întâmple lucrurile *așa cum e mai bine pentru mine*.

Asta înseamnă că, încă, timpul meu aici nu s-a încheiat. Poate mai am ceva de învățat. Poate mai e o lecție de închis. Dar simt că *finalul e aproape*.

Și nu îl grăbesc. Las lucrurile să curgă.

— Hey! Câteva ore și ești la mine. Din fericire, nu mai sunt atât de răcită, nu mai am febră, doar gâtul mă mai doare și tușesc puțin. Merg imediat la medic.

— O să-ți fac masaj când ajung.

— Abia aștept.

Astăzi nu merg la serviciu, am primit concediu medical. Sunt atât de fericită că sunt mai bine... și, în timp ce țopăi de bucurie prin casă, îmi spun în gând: *„Vine! Chiar vine!”*. Mi-e atât de dor de el.

Îmi trimite câteva poze din aeroport, cu mâncarea.

— Lasă loc și pentru restaurant, îi scriu râzând.

— Da, da. În câteva ore vei fi în brațele mele.

— Nimic nu mă face să mă simt mai bine decât în brațele tale. Am cumpărat dulciuri românești să mănânci.

— Dar mie mi-e foame de tine.

— Am și rachiu de casă, să bei.

— Rachiu?

— Da, o băutură românească.

— Acum urc în avion.

— Yuhuuu! Imediat ești aici.

Tocmai a aterizat. Aştept câteva minute, până îşi ia bagajul. Când apare la ieşire, mă ia în braţe şi mă sărută apăsat. Of... corpul meu tresare de recunoaştere. Simt o bucurie vie, brută, ca o explozie de lumină.

Mergem acasă, apoi la restaurant. E încântat de mâncare, de loc. La întoarcere, decidem să mergem pe jos. Sunt vreo 10 kilometri, dar nici nu-i simţim. Povestim şi râdem, ca şi cum lumea ar fi doar a noastră.

A doua zi mergem împreună la birou, dar intrăm separat în fabrică, ca să nu suspecteze nimeni nimic. El stă în biroul nostru. Mă simt fain, suntem împreună, dar învăluiţi de taina noastră.

Un coleg îmi arată un alt coleg, turc:

— Uite, ăsta vorbeşte turca!

— Mda, arată foarte bine, îi zic eu zâmbind. În gând însă, eu ştiam deja cine era turcul care-mi făcea inima să bată altfel.

Mergem în Braşov, vizităm Castelul Bran, apoi Salina Turda şi Clujul. Îi plac toate locurile. Seara, mă strecor tiptil în camera lui de hotel. Dimineaţa plec înainte să se trezească lumea.

Este amuzantă ascunderea noastră. Un fel de romantism cu parfum interzis.

Vizităm și Sibiul. Mergem la bowling, biliard, mâncăm într-un restaurant cu muzică live. Îl văd fericit, tot timpul zâmbind. Bucuria lui e molipsitoare.

Iar timpul petrecut în brațele lui... nu e timp. E vrajă.

Vineri se întoarce în Germania. Simt că se rupe ceva în mine. Îmi vine să plâng, dar nu știu de ce exact. Săptămâna aceasta a fost mai frumoasă decât orice carte de dragoste. Poate chiar *prea* frumoasă.

Știu că ar trebui să fiu atentă. Să nu mă atașez. El e într-o altă țară. Nu știu ce viață are acolo. Nu știu cât din tot ce simt e reciproc și cât este doar vis.

Dar știu că, atunci când mă atinge, tremur. Știu că inima îmi bate mai tare când mă privește. Și știu că... da, cred că sunt mai mult decât îndrăgostită.

— Hey, ai cumva FOR?

— Nu, îi spun.

— Văd că nu îl are nimeni și trebuie să fac luna viitoare audit de potențial la ei.

— Hmmm... Pot vorbi cu șefa să mi-l dea mie. Apropo, am primit bani de la sindicat pentru vacanță. Ce spui, mergem undeva?

Un fior dulce mă străbate. Un plan împreună... ca o promisiune de mai mult.

— Da, putem să mergem în Turcia și să stăm la apartamentul fratelui meu.

— Sper să nu îl deranjăm.

— Nu, o să fim mai mult plecați. Și are o cameră extra pentru musafiri.

— Dar... ești sigur că vrei să mergem în vacanță împreună?

— De ce nu?

Ezit. Relația noastră e încă tânără, plină de emoție, dar și de nesiguranțe. Mă gândesc la toate drumurile care s-au deschis între noi, dar și la toate spaimele care mai tremură în mine.

— Poți să te gândești câteva zile, dar nu prea mult, că se vor scumpi biletele. Și dacă relația se strică până în mai, putem merge ca prieteni.

— În această situație... prefer să vii tu în Sibiu și să vizităm locuri magice aici. Iar dacă relația are viitor, atunci putem visa și la vacanțe împreună.

— Baby... hai câteva zile în Istanbul. Doar am glumit. Gata, am făcut rezervarea. Acum e rândul tău.

Resimt o emoție apăsătoare. Reușesc să fac și eu rezervarea, cu o zi mai târziu. Mă cuprinde panica, dacă totul se destramă? Dacă mă duc și nu mă bagă în seamă? Dacă e totul un joc?

— Nu îți face griji, o să fie minunat, îmi scrie el.

— Uffff... Câteodată reacționez fără să gândesc. Acum, că am luat biletele, îmi vine să plâng. Îmi este frică.

— Stai liniștită. O să te răsfăț foarte mult. Abia aștept să ne vedem în Istanbul.

— Am emoții.

— O să îți placă. Îți promit.

— M-ai scos complet din zona mea de confort...

— Acolo unde începe magia.

Fraza lui îmi stinge un pic focul de frici. Mă las atinsă de promisiunea unei alte lumi. Între lumile cunoscute și necunoscute, între control și abandon, se simte mereu chemarea Lunii din Adânc. Când te lași ghidată nu de rațiune, ci de intuiție.

— Până atunci, ne mai vedem. Vin eu în Sibiu sau organizăm auditul de potențial în Praga.

— Vorbesc acum cu șefa mea să îmi confirme auditul.

— Perfect. Eu am primit deja confirmarea de la
şeful meu. Încearcă să îţi iei şi o zi de concediu. Să
rămânem o zi doar pentru noi.

O zi doar pentru noi. Fără întrebări. Fără reguli. Doar
două suflete care se caută în liniştea dintre lumi.

Ne scriem mult, de la primele raze ale dimineţii până la
ceasurile târzii ale nopţii. Sunt zile în care dispare, în
care abia schimbăm câteva cuvinte. Atunci mintea mea
începe să creeze scenarii, frici vechi în haine noi.

Aştept auditul din Cehia, cu speranţa că poate acolo
mintea mea se va linişti. Momentele petrecute împreună
sunt magice. Când ne scriem, sunt intense. Dar când
suntem în acelaşi spaţiu, ceva în Univers se reaşază. Şi
o parte din mine se vindecă.

Sunt fericită că înainte de vizita în Cehia merg din nou
la o constelaţie şi la o sesiune 1:1 cu Petra. Pentru că
fiecare constelaţie este o uşă deschisă spre adâncurile
mele.
O eliberare. O întoarcere. O vindecare.

— Acum?

— Da!

Îmi iau lenjeria cea mai frumoasă, pantofii cu toc şi îmi
pun paltonul peste. Nu vreau să mă vadă cineva pe
holuri. Bat la uşă, îmi deschide şi fuge imediat la duş.

Îmi desfac paltonul. Când mă vede, încremenește. Se amuză și fuge înapoi la baie, deja era plin de gel de duș. Râdem amândoi. I-am spus că am dat banii degeaba pe lenjerie, nici n-a apucat s-o admire. Dar el glumește că nu are timp de pierdut cu privitul, are nevoie doar de mine, întreagă, așa cum sunt.

Dimineața mă strecor tiptil în camera mea, ca să nu mă vadă cineva. Mă pregătesc pentru micul-dejun și imediat primesc o poză: sutienul meu uitat pe patul lui. La cât sunt de zăpăcită, nici nu mă mir.

După 10 minute, mesaj:

— Ce faci?

— Mă pregătesc să cobor la micul-dejun.

— Vin la tine.

— Acum?

— Da.

— Dar trebuie să mergem imediat la masă.

— Avem timp. 15 minute sunt suficiente.

Zâmbesc. A devenit o glumă între noi: mereu avem „15 minute".

După micul-dejun, ne pregătim să plecăm la audit. Coborâm împreună, dar în drum, mă trage din nou la el în cameră.

— Ești nebun, trebuie să plecăm.

— Avem timp. 15 minute.

Auditul e greu, furnizorul nu are totul pregătit, deși spusese altceva. Îi dăm o șansă: completăm totul cu minuțiozitate, planificăm sesiuni săptămânale și punctăm toate lucrurile rămase deschise.

Când ne întoarcem la hotel, aflăm că unul dintre furnizori stă în camera vecină cu Aslan. Râdem: sperăm că n-a auzit nimic. Râsul nostru e dezinvolt, dar complice.

După cele două zile, ne îndreptăm spre Praga, pentru o scurtă vacanță. Petrecem o zi întreagă pe străzile orașului, ne plimbăm, povestim fără sfârșit. Pe măsură ce se lasă întunericul, simt cum Praga devine decorul perfect pentru revelații. Înțeleg din conversațiile noastre că îmi fac treaba bine la muncă. Îmi este tot mai clar că persoana preferată de șefi nu e neapărat mai capabilă, ci doar mai convenabilă pentru sistem.

Simt în mine o transformare, poate una adusă de el, poate una adusă de mine însămi. O claritate dulce-amară. Știu că locul meu în acea companie este pe cale să se încheie. Mai este doar o lecție de învățat.

În ultima zi, mergem împreună spre aeroport. Dar, ca de obicei, ne despărțim, fiecare în altă direcție. Și, de fiecare dată, despărțirea e o mică sfâșiere. Îi simt lipsa de cum nu-l mai văd. Fiecare atingere de-ale lui parcă rămâne imprimată pe pielea mea, ca o vrajă.

Chiar dacă vorbim în fiecare zi, ne scriem ce facem, ce mâncăm, unde mergem, ce ne dorim, nimic nu se compară cu acel „împreună". Uneori glumim, alteori ne provocăm cu mesaje care ne aprind dorința. În restul timpului, doar tânjim.

Totuși, știu că pe 10 aprilie vine din nou la mine. Și doar gândul acesta îmi luminează tot prezentul.

Concediul împreună, așa cum îl visam pe WhatsApp, mă face să am tot mai multă încredere în el și în noi. Încep să cred cu adevărat că putem construi ceva de durată.

— Bună dimineața!

— Aaaaaaaaaaaa! Mai sunt doar câteva ore și vii la mine!

Sunt atât de fericită. Vin din nou acele bătăi de inimă, acea emoție, care nu se compară cu nimic. Au trecut două săptămâni de la auditul în care am fost împreună și, da, îmi este dor. Îmi este dor de prezența lui, de privirea lui, de felul în care mă face să mă simt văzută, simțită, iubită.

Trebuie să merg până în Cluj după el. Deși zborul lui ajunge destul de târziu, prefer să plec mai devreme. Îmi e greu să conduc pe întuneric, dar nu contează. Așteptarea mă ține trează.

Îmi trimite o poză cu pregătirea bagajului. Are doar un rucsac. Stă doar câteva zile și e vară. Eu îi trimit poza cu clătitele făcute de mama. Știu că o să-i fie foame, știu și că o să le adore.

— Acum am aterizat.

Este 22:42. Târziu. Și totuși, în câteva minute... voi fi în brațele lui.

Când se deschid porțile și îl văd venind spre mine, ceva în mine explodează de lumină. Strălucește. Mă ia în brațe. Mmmmm... în brațele lui toate grijile se topesc. Lumea se topește. Rămânem doar noi doi.

Pe drum spre casă, oprim într-un loc ferit de ochii lumii. Nu mai putem rezista. Avem nevoie să ne simțim, să ne reconectăm. Ne lipim corpurile unul de celălalt și parcă timpul se dizolvă.

Ajungem foarte târziu acasă, dar nu simt niciun strop de oboseală. Sunt doar recunoștință și bucurie. Adorm doar câteva ore. Când sună ceasul, parcă vreau să îl arunc pe geam. Mă desprind cu greu din brațele lui. Îl privesc o clipă, cum doarme. Nu-mi vine să cred că e aici. La mine.

— Bună dimineața, somnorosul meu Aslan. Ți-am comandat cafea, ajunge în jumătate de oră. Dacă ți-e foame, ai mâncare în frigider.

— Am primit deja cafeaua. Hai la mine.

— Aș vrea eu... Dar de mâine pot lucra de acasă și mergem la Mihaela, la pensiune. O să-ți placă.

L-am lăsat din nou pe Edi la fratele meu. E bine să fim doar noi, să fim prezenți unul cu celălalt. Și Edi e în siguranță și iubit acolo.

După muncă, ne pregătim și plecăm spre prietena mea cea mai bună. Singura care mi-a rămas cu adevărat aproape după divorț. Cea care m-a susținut nu doar moral, ci și financiar, când mi-a fost cel mai greu.

Aslan se simte bine acolo. Îmi spune că vrea să revenim cât mai des. Ne bucurăm de piscina acoperită, suntem doar noi doi. Apa, liniștea, râsetele noastre, totul este magic.

A doua zi mergem pe Vale. În pădure, printre munți care par să cânte în tăcere. E aer de viață acolo, aer de regenerare. Am venit de multe ori aici după divorț, ca să-mi vindec sufletul, și de fiecare dată m-a ținut în braţe natura. Acum sunt cu el. Acum simt că nu mai sunt singură în această vindecare.

Îl duc pe Aslan la Castelul din Hunedoara şi în multe alte locuri frumoase din ţară. Este încântat de tot ceea ce vede, de tot ceea ce trăim. Tot timpul petrecut împreună pare desprins dintr-o poveste veche, plină de magie. Dar, aşa cum se întâmplă adesea în poveşti, şi aici apare o umbră.

Primesc un mesaj de la sora mea cea mare, un mesaj greu, plin de judecăţi şi reproşuri: că mi-ar fi ruşine cu iubitul meu, că am promis că voi fi doar eu cu Edi, că ar trebui să-mi fie ruşine că l-am lăsat cu mama ca să „petrec" cu cineva.

Mi se strânge inima. Mă doare. Nu pentru că are dreptate – nu are, ci pentru că mă loveşte exact în rana aceea veche, pe care o credeam vindecată. Rana de a fi judecată, de a nu fi suficient de bună, de a nu fi mama perfectă.

Edi are 17 ani. Are iubită, are prieteni, are viaţa lui. Nu mai e un copil mic care are nevoie să fiu lipită de el 24/24.

Iar dacă fratele meu mi-a spus că îl pot lăsa oricând, nu am văzut nimic greşit în a profita de câteva zile doar pentru mine. Pentru noi. Doar eu şi Aslan. Să ne bucurăm de ceea ce construim împreună.

Dar mesajele continuă. Devine dură. Mă blochează. Și, pentru prima dată, răspund exact cum simt. Fără vină. Fără explicații.

Atunci am decis: nu-l mai las pe Edi la fratele meu sau la mama. Dacă un gest simplu a fost atât de răstălmăcit, mai bine îmi asum altfel momentele în care sunt plecată. Edi este destul de mare. Și, surpriză, s-a descurcat singur. O săptămână întreagă. Fără panică. Fără probleme. Cu maturitate.

Nu voi strica o relație frumoasă pentru că alții privesc din unghiuri înguste. Relația mea cu Edi este profundă. Ne iubim. Ne ascultăm. Ne susținem. E un adolescent care, ca și mine, mai are lucruri de vindecat. Dar e pe drum. Ca și mine.

Am învățat un adevăr dureros, dar eliberator: copiii noștri vor fi bine doar când și noi suntem bine. Dacă eu zac în depresie, în tristețe, în vină, îi transmit exact acea energie. Dar dacă mă vindec, dacă iubesc, dacă zâmbesc, îl învăț și pe el să facă la fel.

După ce am stat cu mine și am înțeles de ce sora mea reacționează așa, și de ce mereu reacționează așa, mi-am recăpătat echilibrul. Am tras aer adânc în piept și mi-am reamintit că eu sunt stăpâna vieții mele.

Am petrecut restul zilelor cu Aslan în liniște, cu recunoștință. Cu bucurie. Până la capăt.

Şi apoi... iar despărţirea.

Îl conduc la aeroport. Îmi trimite o poză cu avionul.

— Nuuuuu! Vino înapoi!

— Baby, aceste zile petrecute împreună au fost minunate.

— Mă bucur să aud asta...

La muncă însă e tot mai greu. Tot mai sufocant. Simt că mă stinge. Caut alt job, dar nimic nu pare potrivit. Fiecare zi e o luptă. Dacă n-aş avea rata la bancă, poate aş fi avut curajul să plec. Poate dacă aş fi rămas cu chirie, aş fi avut bani puşi deoparte pentru un nou început.

Dar asta e realitatea. Asta e crucea pe care încă o port.

Totuşi, am noroc. Îl am pe Aslan. Îmi dă curaj. Mă susţine. Mă face să cred că lucrurile se pot aşeza altfel.

Şi, din fericire, se apropie concediul. Aproape două săptămâni de linişte. Poate, cine ştie, după aceea voi avea curajul să renasc.

— Bună dimineaţa, draga mea.

— Bună dimineaţa. Încă un pic şi suntem din nou împreună.

Astăzi ne întâlnim în Istanbul. Cine ar fi crezut că frica de la început se va transforma în atâta bucurie? Când am cumpărat biletele, tremuram de teamă. Acum, inima îmi bate de nerăbdare. Iau un BlaBlaCar până în Cluj, apoi zborul spre el.

Îmi trimite o poză cu locul unde vrea să mergem a doua zi.

— Cinci ore de condus... e mult. E Izmir?

— Da. O să stăm câteva zile acolo. E foarte frumos. O să îți placă mult.

— M-am uitat acum pe internet. Arată incredibil. Am luat deja BlaBlaCarul. Suntem trei persoane, prețul este foarte rezonabil.

— Să faci o poză la număr.

— OK. Mi-e foarte dor de tine.

— Încă puțin.

— Știu, dar pentru mine și aceste câteva ore par o veșnicie.

Ajung cu patru ore mai devreme la aeroport. Trebuie să aștept să se deschidă poarta de îmbarcare. După ce intrăm, suntem înghesuiți într-un container improvizat. Este plin, nu am nici loc să stau. Avionul are întârziere.

Uffff... vreau doar să ajung la Aslan cât mai repede. După o oră, în sfârșit, ne îmbarcăm.

— Am aterizat! Yuhuuu! Eu sunt cea cu zâmbetul până la urechi, dacă cumva nu mă recunoști!

Când trec de poartă, îl văd sprijinit de un stâlp, cu o pereche de blugi deschiși la culoare și un tricou alb. Arată minunat, ușor bronzat, cu ochii verzi, care par să-mi topească orice teamă. Alerg în brațele lui și mă ridică de la pământ. Offf... în sfârșit sunt din nou acasă, în brațele lui.

Ajungem la apartament. Este destul de târziu, iar fratele lui doarme. Încercăm să nu facem gălăgie.

În fiecare zi vizităm un loc nou. Mă răsfață cu atâta tandrețe, mă face să mă simt ca o prințesă. Nici în cele mai frumoase vise n-aș fi trăit un concediu atât de intens, atât de plin de iubire și magie. Mâncarea... oh, cât de delicioasă este! Turcia începe să-mi intre în suflet, adânc.

Momentul despărțirii e greu. În avion, nu-mi pot stăpâni lacrimile. Îmi este din ce în ce mai greu să ne despărțim. Continuăm să vorbim mult, dar sunt zile când nu scrie deloc. Atunci încep să simt iarăși acea strângere în piept. Într-o zi a rămas fără baterie la telefon două ore. Pare un lucru banal, dar pentru mine a fost ciudat. Întotdeauna are încărcător în mașină. Poate exagerez...

poate sunt doar paranoică. Încerc să-mi liniștesc gândurile.

Ne vedem tot la două săptămâni. La început de iulie aflu că, din echipa noastră, cineva trebuie să meargă în Germania. De la Aslan până la locul auditului sunt doar trei ore. Îi povestesc și îmi spune să vorbesc cu șefii, poate reușesc să merg eu.

Și reușesc! Îi spun Anei, secretara, să-mi rezerve și mie bilet.

— Nu mai sunt bilete de avion pentru luni, îmi spune ea.

Ufffff!

— Dar poți să pleci de duminică, îmi spune Ana.

— Este o idee minunată. Așteaptă câteva minute, să verific ceva.

Îi scriu lui Aslan, întrebându-l dacă vrea să vin de vineri la el și apoi să mă duc luni la locul unde trebuie să mă întâlnesc cu colegul pentru audit. Nu răspunde. Îl sun de câteva ori, dar nimic. Încerc să-mi păstrez calmul. Poate e în ședințe. Îi scriu și pe Teams, mă gândesc că, dacă e la birou, o să vadă mai repede acolo.

— Mai bine vii la mine după vizita la furnizor, îmi răspunde, în cele din urmă.

— Nu pot, trebuie să revin la serviciu.

— OK, atunci ia-ți bilete pentru duminică. Poate vin eu la tine.

„Poate?" Uffff... Încerc să ignor acel *poate*. Îi spun Anei să-mi cumpere bilet pentru duminică.

— Mi-am luat biletele pentru duminică, îi scriu lui Aslan.

— Abia aștept să te iau în brațe.

Seara, îmi scrie din nou:

— Prima dată ai spus că iei bilete de vineri, apoi ai luat duminică.

— Te-am întrebat dacă vrei să vin de vineri.

— Da, puteai. Cumpără.

— Acum e prea târziu, dar sunt fericită că ne vedem măcar duminică.

— A fost confuz pentru mine.

— E în regulă. Ai fost în ședințe și probabil nu ai înțeles tot ce încercam să-ți explic.

— Îmi pare rău, n-am înțeles exact. Pe viitor, te rog să organizezi totul din timp.

Of! Cum să organizez totul din timp când abia am aflat că trebuie să meargă cineva din departamentul nostru în audit? Șefa e în concediu, nimeni nu ne-a spus nimic clar. M-am zbătut să pot comunica cu toți, doar ca să reușesc să ne întâlnim. Și el a fost cel care mi-a spus să vorbesc cu șefii să merg eu în audit ca să ne vedem.

Am avut impresia, pentru o clipă, că îmi ignoră intenționat apelurile. M-am simțit respinsă. Poate că exagerez. Spune că nu m-a înțeles pentru că a fost în ședințe, că totul a fost pe repede înainte. Dacă mi-ar fi răspuns la telefon, am fi rezolvat totul imediat.

Poate că Universul vrea să ne întâlnim doar o zi. Nu știu de ce, dar o să înțeleg la momentul potrivit.

Ca de obicei, avionul meu e programat la prima oră. Mă trezesc la 2 dimineața, la 4:00 plec spre aeroport. La 6:00 suntem deja în avion, dar la doar 10 minute după ce ne-am urcat, anunță că sunt probleme tehnice. Nu înțeleg exact ce, dar trebuie să așteptăm o jumătate de oră.

— E în regulă, îmi zic, măcar suntem în avion.

După mai mult de o jumătate de oră, pilotul revine: problema e mai serioasă, iar reparația va dura. Ne roagă să coborâm pentru a nu sta chinuiți în avion. Mi se face rău. După cât m-am zbătut să pot pleca, să ne putem întâlni... și acum nici măcar nu mai pot zbura?

Trece o oră. Nimic nou. Ne dau apă și ceva de mâncare. Dar eu vreau doar să plec. Vreau să ajung la Aslan. Totul se desfășoară atât de încet, ca într-un vis greu, în care știi unde trebuie să ajungi, dar picioarele nu te ascultă.

După trei ore, în sfârșit ni se spune că ne putem îmbarca. Respir adânc, cu ușurare. Pot pleca. Pot ajunge la el. Aslan este deja pe drum spre aeroport, pregătit să mă ia în brațe.

Întâlnirea noastră este, ca de obicei, magică. Un moment suspendat în aer, parcă rupt dintr-o altă realitate, doar a noastră. Este puțin complicat să intre cu mine în camera de hotel, fiindcă doar eu sunt trecută în rezervare, dar se strecoară, într-un final. Am început să devenim experți în astfel de „infiltrări" și ne amuzăm pe tema asta. Norocul nostru e că, de fiecare dată, patul e mare. Ne spunem râzând că, dacă ar fi fost un pat de o singură persoană, cu siguranță am fi dormit pe jos, îmbrățișați.

După cazare, ieșim să vizităm orașul. Îl simt ca pe o poveste vie. Străzile lui, luminile, podurile, oamenii...

toate par să compună o poezie vizuală în care ne pierdem împreună. Vizităm mai multe locuri, iar podul plin cu lacăte nu ne scapă. Lăsăm și noi o promisiune acolo, tăcută, neîncuviințată oficial, dar vie în inimile noastre.

Seara trece prea repede. Știu că, pentru el, dimineața va fi grea. Se va trezi foarte devreme ca să ajungă la birou, are patru ore de condus în față. Îmi pare rău pentru el, dar sunt recunoscătoare că a ales să petrecem chiar și o singură zi împreună. A fost... perfect.

Și totuși, în ciuda atâtor dovezi de iubire, sunt uneori sceptică. Nu înțeleg de ce. Poate pentru că mă doare prea tare cât de bine e totul și mi-e teamă că se poate termina. Ne scriem mult. Îmi trimite mesaje care mă fac să visez. Îmi vorbește frumos. Dar sunt și momente când dispare. Nu mult. Doar cât să simt un gol.

Când nu suntem împreună, îmi place să merg cu bicicleta până la lacul de lângă grădina zoologică. E o bancă acolo, aproape tot timpul liberă. Parcă mă așteaptă. Mă așez și citesc sau vorbesc la telefon cu prietena mea. Uneori merg la ea, pe Valea Avrigului. Facem picnic, mergem la râu, ne conectăm cu natura. Energia de acolo e tămăduitoare. E singura persoană care mi-a fost alături necondiționat. O prietenă adevărată.

Îl mai conving uneori și pe Edi să vină cu mine în oraș. Dar... e tot mai greu. Timpul fără Aslan doare. Când sunt cu el, mă simt completă. Protejată. Femeie. Întreagă. Da, și conversațiile cu el îmi dau putere, dar lipsește ceva. Corpul meu îl cere. Sufletul meu îl simte ca pe o casă.

Astăzi, în sfârșit, merg eu la el. Mi-am luat câteva zile de concediu, ca să stau mai mult în brațele lui. Și parcă tot Universul s-a aranjat altfel acum: la serviciu e mai bine. Avem o șefă nouă, care pare echilibrată, corectă. Simt că pot învăța de la ea. Poate că nu mai trebuie să cer ajutorul colegilor din Germania. Poate că se așază, în sfârșit, lucrurile pentru mine.

Plec direct de la birou, cu BlaBlaCar. Petrec o noapte în Cluj, fiindcă am zborul foarte devreme și nu vreau să risc să pierd avionul. Când ajung la serviciu cu rucsacul meu uriaș, primit de la Aslan, care se face cât un dulap, colegii nu se pot abține:

— Pleci cu dulapul în concediu?

— Ce-ai de strălucești așa tare și zâmbești cu gura până la urechi?

— Sunt îndrăgostită! le spun râzând.

E adevărat. Așa mă simt. Îndrăgostită până peste cap. E ca o lumină interioară care nu se mai stinge.

Da, sunt foarte îndrăgostită. Inima mea bate cu putere de fiecare dată când îl văd, când îl aud, când îi simt prezența în aerul din jurul meu.

Port o rochiță verde, scurtă, care-mi pune în evidență ochii cameleonici. Când port verde, ochii mei devin de un verde intens. Când port albastru, devin albastru adânc, ca marea. În liceu, unele colege se amuzau pe seama culorii schimbătoare a ochilor mei. Pe atunci mă simțeam rușinată. Acum însă, am învățat să-i iubesc. Să iubesc tot ce sunt.

Din constelațiile familiale și din sesiunile de terapie cu Petra am învățat să-mi iubesc corpul. Să văd frumusețea fiecărei părți din mine ca pe un dar sacru. Trupul meu e casa sufletului meu, iar frumusețea lui nu trebuie validată de nimeni. Doar onorată.

În sfârșit se face ora 16:00. Îl aștept pe băiatul cu BlaBlaCar în stația de autobuz. Până vine, citesc „Nu există părți rele", o carte recomandată de Petra, care mi-a atins sufletul. O recomand și eu acum mai departe.

Vine mașina. Mă urc, fac cunoștință cu ceilalți pasageri. Povestim. La un moment dat, încep să le vorbesc despre Univers. Despre cum lucrează cu noi. Despre cum putem primi absolut orice ne dorim, dacă suntem aliniați cu iubirea.

— Parcă nici n-a existat timp cu tine și cu poveștile tale, îmi spune șoferul, zâmbind.

— Da, ne bucurăm că te-am cunoscut și că ai împărtășit cu noi aceste lucruri minunate, adaugă fetele din spate.

Le zâmbesc cald.

— Sunt fericită că am putut să împărtășesc. Eu cred că oricine poate obține ceea ce-și dorește. Fie că-i spunem Univers, Dumnezeu, Allah sau altfel. Important e să credem. Să cerem cu inima deschisă. Să acționăm din lumină.

— Totul se întâmplă printr-un echilibru subtil. Când faci bine, binele se întoarce la tine. Când greșești, ecoul greșelii se va simți. Nu e magie. E o lege naturală. E gravitația spirituală.

— Exact cum două corpuri se atrag proporțional cu masa și invers, proporțional cu distanța, și în viață e la fel. Cu cât energia ta e mai curată, cu atât atragi mai profund și mai real ceea ce ți se potrivește.

— Trăiește cu iubire. Gândește cu înțelepciune. Acționează cu blândețe. Pentru că tot ceea ce emiți în lume... aia vei primi înapoi. Înmulțit.

— Mulțumim încă o dată pentru aceste cuvinte, îmi spun ei. Ne luăm rămas-bun, fiecare cu drumul său.

Când cobor din mașină, simt căldura toridă a aerului. În BlaBlaCar a fost bine, cu aer condiționat. Rucsacul meu uriaș mă face să renunț la plimbarea planificată pe jos. E prea cald. Iau un Bolt și mă duc direct la hotel.

Mă cazez, apoi ies să-mi cumpăr ceva de mâncare. Sunt lihnită. Între timp, verific telefonul. Niciun mesaj de la el. Încă de dimineață mi-a scris puțin, iar de atunci, nimic.

Încerc să nu-mi fac scenarii. Dar mă enervează că... îmi fac scenarii. M-a obișnuit cu atenția lui constantă, cu mesajele dese. Îmi lipsește.

După cumpărături, rămân afară. Este o seară plăcută. Îi scriu Mihaelei și vorbim până spre ora 20:00. Ca de obicei, poveștile noastre sunt nesfârșite.

Când urc în cameră și verific din nou telefonul, văd că nu mi-a scris nici acum. Oftez. Încerc să mă liniștesc. Poate are o zi plină. Poate e obosit. Sau poate... of, iar încep. Clar, mai am mult de lucru cu mintea mea.

Mă duc să fac duș. Gândurile mele, cum altfel, zboară spre el. Doar spre el. Când ies din baie, verific din reflex telefonul. Văd un mesaj de la el. Zâmbesc. Mă bucur... dar simt și o umbră de tristețe în piept. Îi răspund, iar el îmi trimite câteva filmulețe cu băiatul lui.

Mă liniștesc. Înțeleg că e cu copilul lui. Iar asta mă atinge profund. Mă încântă și mă emoționează în același timp să văd cât de mult își iubește copiii, câtă atenție le oferă. Îl face un bărbat rar, un suflet nobil, un om care respectă viața și pe cei din jur.

Ce prostie să-mi fi făcut atâtea scenarii în cap! De fiecare dată când nu-mi scrie imediat, mintea mea declanșează alarme. Dar, de fiecare dată, răspunsul lui este simplu, clar, logic. Și plin de grijă.

Uffff! Mă bag în pat. Mâine trebuie să mă trezesc foarte devreme. Adorm cu gândul la el. Îmi imaginez că relația noastră e pentru totdeauna, că suntem fericiți, că îl răsfăț, că mă răsfață, că îl tratez ca pe un rege. Da, este regele meu. Sultanul inimii mele.

Mă trezesc la 2 noaptea. E timpul să mă pregătesc de plecare. Am programat Boltul pentru ora 4:10. Ies din casă cu 10 minute mai devreme. Aerul e proaspăt, răcoros. Mă bucur de liniștea dimineții.

Ajung la aeroport. Observ că renovările s-au terminat. E frumos acum. Mă duc la poartă și, în timp ce aștept, citesc în continuare cartea mea. Multe lucruri din ea încep să capete sens. O voi recomanda cu siguranță mai departe.

Mă urc în avion și adorm imediat. Nici nu-mi dau seama când a decolat. Când mă trezesc, suntem deja aproape de aterizare.

Deschid telefonul. Mesaj de la el:

— Zbor plăcut!

— Mulțumesc!

Zâmbesc amuzată. Aterizasem deja când am citit mesajul. Îmi răspunde imediat, mă sună:

— Hey, baby. Întârzii cam zece minute.

— Nu-i nicio problemă. Nu te stresa.

Mă bucur că am timp să mă duc la baie, să mă spăl pe dinți, să îmi refac machiajul. Îmi place să arăt bine pentru el.

Ies din aeroport. E multă lume. Găsesc un colț liniștit, unde mă așez și reiau lectura cărții.

— Așteptați pe cineva?

Ridic ochii din pagină. E el. Aslan.

Atât de frumos, atât de al meu. Sar în brațele lui.

Ne oprim, ca de obicei, la magazinul turcesc. Îmi cumpără baclava cu fistic, știe deja că e preferata mea. Ne oprim și la alt magazin. Cumpărăm pâine și o lipie caldă, cu cartofi. Delicioasă.

Când ajungem acasă, punem cumpărăturile și bagajele la locul lor. Aș vrea să gust din baclava, dar el vine la mine, mă ia de mână, mă sărută cu foc și mă trage în cameră.

Facem dragoste. Cu pasiune. Cu acea vibrație care îmi face tot corpul să tremure. Dorința e copleșitoare. Mă urc pe el, râdem, glumim.

— *Trebuie să mă liniștesc un pic, baby...*, îmi spune, dar zâmbetul de pe chipul lui trădează că n-are nicio intenție reală să se oprească.

După câteva clipe, mă ia de mână, mă duce înapoi în cameră și îmi oferă, cu blândețe și intensitate, ceea ce aveam nevoie: atingere, vibrație, abandon.

Fac duș. Când ies, mi-a pregătit o băutură cu căpșuni și gheață. Răcoritoare și delicioasă.

Mai târziu, face din nou dragoste cu mine.

Îmi place că mă pune mereu deasupra. Așa ajung mai ușor la orgasm. Dorința nebună de a-l simți, de a fi una cu el, mi-a intensificat trăirile și a trezit în corpul meu ceva nou, unic.

Îmi pregătește prânzul. Este un bucătar excelent, iar felul în care aranjează farfuriile e o adevărată artă. Mă simt ca o adevărată prințesă răsfățată.

După ce mâncăm, ne plimbăm prin micul lui orășel. Este superb. Ajungem într-un parc mare, cu un lac micuț în mijloc, iar verdele viu al copacilor și al ierbii îmi dă o stare de liniște adâncă.

Fosta lui soție îl sună și îi scrie insistent, legat de o problemă cu trotineta copilului.

— Copilul a început să aibă ticuri tot mai pronunțate, îmi spune Aslan, vizibil îngrijorat. În ultima vreme, s-au agravat. Cred că e din cauza poveștilor pe care le-a auzit de la mama lui despre tine. Fratele meu spune că e posibil să îi fie teamă că mă va pierde.

— Da, poate fi o frică profundă... Îți sugerez să îi explici clar că el este foarte important pentru tine și că nimeni nu-i va lua locul. Poate ar fi momentul să îi vorbești treptat despre mine, pentru ca el să fie pregătit. Copiii sunt sensibili. Dacă simt că o altă femeie vine „în locul mamei", pot reacționa greu. Dar dacă îl pregătești cu blândețe, va înțelege.

Adevărul e că m-a durut să aflu că încă nu i-a spus de noi. Suntem împreună de aproape un an. Dar e decizia lui când și cum vrea să facă acest pas. Eu aleg să mă bucur de prezent.

Insistențele fostei soții continuă. Îi propun să meargă după trotinetă ca să încheie acest episod și să poată petrece liniștit timp cu copilul.

— Nu-i nicio problemă dacă lipsiți puțin, îi spun. Eu pot sta aici, citesc sau mă odihnesc.

Cât timp e plecat, adorm cu cartea în brațe. Când se întoarce, ne așezăm amândoi pe terasă cu câte un pahar de vin. Povestim până târziu, sub cerul liber.

Îmi vorbește despre planurile lui de viitor. Din păcate, eu nu sunt inclusă în ele. Mă întristează profund. Poate de aceea nici nu le-a spus copiilor lui despre mine.

Totuși, accept realitatea așa cum este. Mi-a scris de multe ori că mă iubește, că sunt „soția lui". Poate m-am agățat prea tare de acele cuvinte și am visat prea mult.

Dar, pentru moment, aleg să trăiesc clipa. Mai avem planificat un concediu în Turcia, în decembrie. Mi-a spus că de Crăciun și revelion va sta cu fiul lui.

Poate că, după acel moment, povestea noastră se va sfârși.

Este totul atât de frumos împreună. Mă simt iubită, dorită, protejată. Dar știu că, dacă el nu are planuri cu mine, e mai bine să nu mă mai las copleșită de durere când suntem departe.

Povestim în continuare. Tot mai mult. Ziua, noaptea. Mă sună zilnic. Îmi este tot mai dor de el.

La serviciu, lucrurile merg din ce în ce mai greu. Aslan îmi spune tot mai des să mă mut cu el în Germania.

Încep să mă gândesc serios la asta. Poate fac parte din planurile lui de viitor. Îi spun lui Edi despre această posibilitate.

— Poți să mergi, îmi spune el. Dar eu nu vreau să vin cu tine.

E greu, dar îl înțeleg. Are 17 ani. Eu, la vârsta lui, terminasem liceul și lucram deja, ca să o ajut pe mama. E suficient de matur și descurcăreț.

Poate că e momentul să începem o nouă etapă în viețile noastre. Să-mi dau o șansă la o iubire adevărată.

Îmi fac o programare la Petra și, ca de fiecare dată, mă ajută să înțeleg ce se întâmplă în viața mea. De data aceasta, îmi deschide ochii asupra situației de la serviciu. Îmi spune că tot ceea ce trăiesc acum – atitudinea șefelor mele, senzația că sunt victima unui bullying subtil – este, de fapt, o pregătire. Un ajutor invizibil care mă împinge spre următorul pas.

Şi atunci, prind curaj.

Îl sun pe Aslan şi îi spun, cu inima cât un munte:

— Vreau să mă mut cu tine.

Nu-mi vine să cred că rostesc aceste cuvinte. Că am avut puterea să le spun. Încep să ţopăi prin casă, de parcă mi-ar fi crescut aripi. Dar în acelaşi timp, în colţul minţii, se strecoară panica: „Ce urmează? Oare o să fie bine?". Gândurile năvălesc, scenarii posibile şi imposibile.

Pe 6 decembrie este ultima mea zi la locul de muncă. Plec direct de la birou la aeroport, la insistenţele lui Aslan. Iniţial aveam bilet pe 9, dar am găsit o ofertă mai bună şi... Universul a spus „acum".

Ne întâlnim în Turcia şi petrecem un concediu de vis. Apoi plecăm împreună în Germania. Acolo unde este acum *acasă*.

Sunt la el de un an. Şi ne iubim în fiecare zi mai mult.

Stăm îmbrăţişaţi aproape tot timpul, uneori ne amuzăm, spunând că suntem ca doi magneţi. Când unul se desprinde un pic, apare imediat atracţia de a fi din nou unul lângă altul.

Pot spune cu toată inima: sunt o prinţesă răsfăţată. Şi nu mi-aş fi imaginat vreodată că pot iubi şi că pot fi iubită *aşa*.

Tot lucrul cu mine, toate constelațiile și vindecările, toate întrebările și durerea... m-au adus aici. M-au pregătit pentru acest tip de iubire. Un alt tipar de bărbat. Un bărbat pe care l-am visat întotdeauna și pe care, până acum, îl întâlneam doar în romane de dragoste și povești magice.

Dar magia a intrat și în viața mea. Și mă bucur de ea în fiecare secundă.

Iar pentru asta îi mulțumesc Petrei.

La primele noastre ședințe, eram atât de mică în interiorul meu, încât nici eu nu mă puteam vedea. Veneam plângând, cu inima frântă, cu relații toxice, cu un copil care mă privea în ochi și nu înțelegea ce se întâmplă cu mama lui.

Eram într-un cerc vicios de suferință, vină și neputință.

Astăzi, 99% dintre acele persoane nu mai fac parte din viața mea. Nu le mai port ranchiună. Nu le mai învinuiesc.

Am înțeles: nu era vina nimănui. Nu eram în armonie cu acei oameni.

Toate acele experiențe – dureroase, copleșitoare – au fost lecții. Cărămizi pe care mi-am construit noua mea viață.

Astăzi, le mulțumesc.

Pentru că, datorită lor, am învățat să mă iubesc, să mă respect și să-mi văd în sfârșit adevărata lumină.

Ședințele cu Petra nu mai sunt despre lacrimi. Sunt despre zâmbete.

Îți mulțumesc, Petra, că ai apărut în viața mea.

Îi mulțumesc lui Edi că m-a ales să-i fiu mamă. Este un copil minunat. Sunt norocoasă și mândră de el.

Și vă mulțumesc vouă, tuturor, celor care ați fost parte din această călătorie a mea, chiar și pentru un pas sau o clipă.

După toate aceste aventuri, mottoul meu a devenit:

„În orice lucru negativ, 99% este pozitiv. Trebuie doar să privim cu atenție, nu cu disperare”.

✦ Dedicație finală ✦

Această carte este închinată:

Copilei care am fost și care a învățat, în cele din urmă, să se vadă.

Femeii care s-a ridicat din genunchi cu inima frântă, dar cu sufletul trezit.

Universului care, chiar și atunci când părea să tacă, țesea miracole în culise.

Tuturor femeilor care au uitat cât de sacre sunt și care au nevoie doar de o clipă de liniște ca să își amintească.

Tuturor bărbaților care aleg să iubească cu prezență, cu blândețe, cu mult curaj.

Fiului meu, Edi, farul meu, oglinda mea, comoara mea.
Ai fost motivul pentru care m-am ridicat, iar acum ești motivul pentru care zbor.

♡ Şi, nu în ultimul rând, dedic această poveste lui Aslan, cel care a aprins în mine o lumină nouă, o dorință vie, o iubire pe care nu o credeam posibilă. Poate că nu știm ce va fi mâine, dar astăzi, acum, suntem aici. Și e tot ce contează.

Această carte este pentru toate sufletele care s-au rătăcit și care caută drumul spre acasă.

Pentru toate inimile care au fost frânte și acum se reîntregesc.

Pentru toate poveștile care merită să fie scrise.

Pentru tine.

> *„Și dacă citești aceste rânduri, înseamnă că și tu ți-ai amintit: ești lumină născută din adânc, iubire care a învățat să respire în întuneric, și tot ce ești... e de ajuns.”*

Scris sub lumina Lunii din Adânc, *într-o noapte în care cerul mi-a răspuns cu o șoaptă și un vis.*

—Autoarea

Despre autor

Iulia Luna scrie din spațiul unde viața întâlnește visul, iar realitatea devine ritual.

După o perioadă de transformare profundă, marcată de iubire, pierdere și regăsire, a simțit chemarea de a așeza cuvintele în pagini.

Cartea *Aslan – Bărbatul din visul meu* este începutul unui drum prin care nu doar povestea ei capătă formă, ci și sufletele celor care au trăit iubirea ca pe o trezire.